ちくま新書

「おろかもの」の正義論

小林和之
Kobayashi Kazuyuki

JN227340

509

「おろかもの」の正義論【目次】

序

†「正しい」とはどういうことか

「正しい」って、どういうことなんだろう。

人間は、「正しい」ということが気になる生き物らしい。考えてみれば不思議な話だ。自然界に「正義」なんてものは存在しない。「強さが正義」なんていうのは、人間が自然界を見て勝手に想像しているだけのものだろう。「生きるか、死ぬか」「食うか、食われるか」というのはあるとしても、別にそれは正義とは関係がない。どちらかの事実があるだけだ。

でも、われわれは「正しい」かどうかが気にかかる。

「正しい」ことがあるということは、正しくないこと、つまり「してはならないこと」があるということでもある。どうしてそんなことを気にかけるのだろう。どうして、思いのままに、自由に生きようとしないのだろう。

『臨済録』(1)に、「殺仏殺祖」と呼ばれる下りがある。

なんじ如法の見解を得んと欲せば、
但、人惑を受くること莫《なか》れ。
裏《うち》に向かい、外に向かって、
逢著《ほうじゃく》せば、便《すなわ》ち殺せ。
仏に逢うては、仏を殺し、
祖に逢うては、祖を殺し、
羅漢に逢うては、羅漢を殺し、
父母に逢うては、父母を殺し、
親眷《しんけん》に逢うては、親眷を殺して、
始めて解脱を得ん。
物と拘《かか》わらず、透脱《とうだつ》自在なり。

ものごとを正しく理解したいなら、決して人に惑わされるな。出会う者すべてを殺せ。仏、開祖、聖人、父母、親族、自分にとって大切な者すべてを殺してはじめて悟りが開ける。こだわりから解放され、自由になれる。

　おおざっぱにいうとそういう意味だ[2]。

　もちろんこれは、殺人狂になれということではない。殺したいという欲求にとらわれてしまっているのは、ひどく低次元な不自由だ。自分にとって神聖な者・愛する者をも殺しうる。何者にも支配されず、何ごとをもなしうる。そうなってはじめて悟りを開いたということができる、ということだろう。

　そういう境地はたしかに大自在の境地というべきかもしれない。しかし、それは厳しい修行の末にようやく到達できる究極の境地ともいうべきものだろう。凡愚になしうることではない。

　そして、愚かな凡人としては、素朴な疑問も起きる。究極の自由の境地に達したら、後は何をして生きればいいのか。したいことをする、では欲望の奴隷とどう違うのだろう。自分の行動を律する規範をもつなら、それに縛られているということではないのか。自分の決めたことにのみ従うというのでも、過去の自分に縛られているということではないか。そうではなく、いつでも規範を変えられるなら、規範をもたないのと同じではないか。

　凡人には、究極の自由を手に入れるどころか、思い描くことさえ難しい。

　世間では、仏や父母だけでなく、人を殺してはいけないことになっている。そして、凡人は、「人を殺してはいけない」と思う。これは、人の世の常識に惑わされているのだろうか。

†なぜ人を殺してはいけないのか

二〇世紀の末に、「なぜ人を殺してはいけないのか」ということが話題になったことがある。これは、そういう子どもの問いかけに、その場にいたインテリたちが明確に答えられなかったことがきっかけだった。この問題について、雑誌で特集が組まれ、本も出版された。

これは、まず驚くべきこと、悲しむべきことだろう。日本には「なぜ人を殺してはいけないか」という素朴な問いかけに対して、答えをもっていない大人が非常に多いのだ。宗教の権威が弱体化してから久しく、成長と進歩の前に伝統は輝きを失い、政治家は並以下の人間としか思われず、正義を語る習慣もなく、「無限の正義」[3]が無限の胡散《うさん》臭さを漂わせる現代。たぶん、わたしたちはもうとっくに気づいてしまっているのだ、人を殺してはいけない絶対的な理由などないことを。

だが、この事件は希望でもある。それは、「絶対的な権威」を信じられなくなっていても、それでもなお「正義・正しさ」への求めがあることを示しているからだ。

「人を殺してはいけない理由はない。人殺しはムカツクから捕まえて殺すか閉じこめる。殺す方にも捕まえる方にも正義はない。力の強いほうが勝つだけだ」。こう言い切ること には、一種の爽快感があるかもしれない。しかし、われわれの多くはそう考えはしなかったのだ。——はっきりとはいえないけれど、やっぱり人を殺してはいけないんじゃないか。そう思う人が多かったからこそ、答えを求めて雑誌や本を手に取ったのだろう。人にはなお、正義・正しさへの求めがある。

神や天のような、人間より上位の絶対的権威に訴えることなく、「なぜ人を殺してはいけないか」という問題に答えるにはどうすればいいのだろうか。

†約束事としての「正しさ」

たぶん、最もがっかりさせる答えは、「法律で決まっているから」というものだろう。だが、この答えの中に「正しさ」を考えるうえで最も重要なポイントが含まれている。それは、法律は社会規範だということだ。神の命令でもなく、一人の人間の思いこみでもなく、人と人との約束事なのだ。だから、人間より上位の存在が保証してくれるような絶対の確かさはない。「法律で決まっているから」という答えが人をがっかりさせる一つの理由はこのことだろう。

「車が道路の左側を通行しなければならない」のは、法律でそう決まっているからだ。「人を殺してはいけない」ということには、それと同程度の確かさしかないのだろうか。

もちろんそうではない。同じく人と人の間の約束事とはいえ、両者には大きな違いがある。生命には、個人の主観を超えた特別な価値があるのだ。このことは第2章で説明しよう。


「正しさ」は、人を超えた上位の存在が定めたものではない。人の内奥の神秘でもない。「正しさ」は人の上にもなく、心の中にもなく、人と人との間にある。そして人と人との約束事であるということは、主観でどうにでもなるということではない。約束事の中には、ほとんど揺るぎなく決定されるものもある。そして、見事に約束することもできれば、無様に約束することもできる。人と人の約束事には理も必然もあるのだ。

本書のねらいは、神の絶対に救いを求めず、人の内面に引きこもらず、立派に約束事を作り上げるために、「正しさ」の理と必然を、具体的に、誰にもわかるように解き明かすことにある。

「正しさ」を定める規範とその原理は、誰にもわかるように語られなければならない。ここが自然法則と大きく違うところだ。引力の法則を理解していようがいまいが、ビルの窓から飛び出せば下に落ちる。だが、「正しさ」は人に理解されてはじめて「正しさ」としての力をもつ。納得して「正しい」と思うことによって人は規範に従うのだ。刑罰で威嚇して従わせることはもちろん可能だが、その服従をもたらしたのは「正しさ」の力ではない。そういう「力ずく」こそ「正しさ」から最も遠いものだろう。

†「正義」は勝ちも負けもしない

「正義は勝つ」「悪を滅ぼして正義を示す」。よく見かける言い方だ。だが、もし正義がそういうものでしかないとしたら、正義は悪に依存することになる。悪に勝ったり、悪を滅ぼしたりしないと存在することができないのだから。こういう類の正義観をわたしは、暗黒的正義観と呼んでいる。それは、正義を暗黒、悪を光として扱うものだ。光があって、はじめて影が生じるのだから。悪という炎を消してすべてを闇に返すのが正義である、というのはもちろん少しばかり皮肉を込めた言い方なのだが。

「無限の正義」の名の下に、空爆をして「悪」を滅ぼす。いっしょに無関係の市民も殺す。「正義」はそういうものでしかありえないのだろうか。

だとしたら、「正義」なんていらない。殺すための理屈なんて欲しくない。憎悪を言い換えただけの「正義」は、殺戮を拡大するだけだ。

「正義」にはどうしてもこういうイメージがつきまとう。だから、わたしは「正義」ということばが嫌いだ（ついでにいうと、「人権」ということばも嫌いだ）。そして、好き嫌いの問題だけではなく、誤解を避けるためにも「正義」ということばは使わないほうがいいかもしれない。

わたしがずっと考えつづけている「正しさ」は、勝ったり負けたりしないものだ。勝ち負けは争いを前提にしている。だが、争わないことにこそ「正しさ」はあるんじゃないか。すべてを生かす。わたしが目指す「正しさ」とはそういうものだ。

それでも「正義」ということばを使う意味はある。一つは、熟語としての造語能力があるということ。「正義論」なら違和感がないが、「正しさ論」では収まりが悪い。そして、もっと重要なのは、暗黒的正義もまた確かに「正義」の一面だということだ。われわれは、悪を否定する正義も必要としている。

また、「正義」ということばを、暗黒的正義に独占させておいていいのだろうか。すべてを生かす「正義」を積極的に主張することにより、「正義」を光の中に取り戻すべきなのではないか？

そういう思いは残るのだが、やはり本書の中では誤解を避けるために「正義」ということばはあまり使わないことにする。そして「正義」ということばを放棄してしまった訳ではないことだけは明言しておくことにしよう。

†「正しさ」は具体的に語れ

すべてを生かす、というのを抽象的な美辞麗句として語るのは簡単なことだ。だが、わたしはこれを具体的な問題に即して論じるつもりだ。死刑や脳死・臓器移植のような、鋭く価値観が対立するような問題で、どうすれば対立するどちらの側にとっても状況が改善するような「正しさ」が実現できるのかを具体的に示したいと思う。

そもそも「正しさ」は具体的な問題に即して論じることではじめて意味をもつものだ。ある具体的なことが正しかったり正しくなかったりするわけで、そういう実際の問題とかけ離れたところに抽象概念として「正しさ」があるのではない。「正義」ということばを使いたくない理由はここにもある。「正しさ」は「正しい」から派生したことばで、「～は正しい」という表現へのつながりを意識させてくれる。これに対し、正義は、客観的で確固としたものとしての「正義」が存在しうるような錯覚（もしくは信念）を感じさせる。

もちろん、抽象的な原理は重要だ。「何が正しいか」を考えることを、そのときそのときの場当たり的解決に終わらせるのではなく、他の問題にも通じる普遍的な考察としての意味をもたせるためには、考察の成果を抽象的な原理にまで高めなければならない。だが、いかに抽象的に見えようとも、具体的な問題とのつながりをしっかりともっておく必要がある。具体なくして抽象はない。事実から遊離した原理はせいぜい信念でしかない。

正しさを語る人間と原理の関係にも、具体的な処理と原理の関係と同様のことがいえる。「正しさ」を定める規範が具体的な人間の行動の準則である以上、「正しさ」を論じる人間は態度決定を迫られる。具体的な問題を、自分はどうするのが「正しい」と思うのかを抜きにして考えることはできない。

そして、当然ながら「自分は〜が正しいと思う」ということを語るだけでは、「正しさ」について論じたことにはならない。単に個人の主観を超え、他の人にも通じる普遍的な原理に高められてはじめて「正しさ」を論じたことになる。だから、「正しさ」について具体的に考えることは、自分を知り自分を高めることでもある。

「正しさ」を論じるうえでは、最も個人的な問題意識が最も普遍的な原理にまで高められていなければならない。もちろん、このことは、「正しさ」を論じるためには自分個人のことを語らなければならないということではない。個人的な事情をくどくど語るのはむしろ悪趣味だろう。

だが、一つの章では、あえてわたし個人の問題意識の部分も少し書いてみようと思う。これは一つの実験である。というのは、個人的な部分を切り落とさないことが、理解の助けになる場合があると考えるようになったからだ。うまく書ければ、自分を知り、人を知り、普遍的な原理に到達する過程を追体験してもらうことができるだろう。
ただし、その章に限らないが、本書ではあなたを説得しようとは思わない。むしろ逆だ。考えることは自由になることだ、とわたしは思っている。ある具体的な問題について考えを積み重ねることは、こだわって視野が狭くなることではない。多くのことを知り、新たな可能性を見いだし、自分が知らないうちにとらわれていた思いこみから自分を解放することなのだ。本書のねらいは、あなたが以前より自由に物事を見られるようになる手助けをすることである。

註

(1)入手しやすいものとしては、臨済『臨済録』入矢義高訳注(岩波文庫、一九八九年)がある。ただし、本文の書き下しはわたし流に書きかえた。
(2)この解釈には諸説あるようだ。「自分が勝手に作りだした仏とはこうであるという先入観や、親とはこうでなければならないという思い込みを捨てよということだ」というきわめて常識的な解釈も見かけた。だが、ここでは、『臨済録』の解釈をしようとしているのではないから、本書の目的にもっともかなう、文字どおりの解釈をすることにした。

(3)アメリカ合衆国が、二〇〇一年のアフガニスタン空爆作戦に付した名前。後に「不朽の自由」と改められる。

第1章 「正しさ」は必要か

†二つの「正しさ」

われわれは、たまたま人間として生まれた。

仏教に「盲亀の浮木」という話がある。

広い広い海の中に一匹の目の見えない亀が住んでいる。その亀が住むその広い海には、一本の流木が浮かんでいる。その流木には小さな穴が一つ開いている。流木は広い海の中を波のまにまに漂い、揺れ動く。その穴はときに天を向き、ときに水に潜る。そして、その亀は一〇〇年に一度、海面に浮かび上がって来る。その亀が海面に顔を出したとき、ちょうどその木の穴の中に顔を出すことがあるだろうか。

そんな偶然はほとんどありえない。だが、われわれはそれ以上に「あり難い」幸運に巡り会っているのだ、と釈迦は弟子に向かって説く。輪廻転生の中で、虫や牛や魚でなく、人間に生まれることだけでも非常に難しい。そのうえ、仏法という優れた教えに巡り会えるというのはさらに難しいことである。だから、一心に修行して悟りを開きなさい、というのが釈迦の教えだ。そこから意味が変わって、いまは「ほとんどありえない偶然」の意味で使われている。

輪廻転生、といわれてもその信仰をもたない者にとっては受け入れられないことだ。ただ、霊魂はともかく、肉体の起源をたどることは科学的に可能である。われわれの肉体を構成している物質は、直接には食べた食事に由来するわけだが、遥かさかのぼれば、太陽のような恒星にまでたどり着く。水素やヘリウムよりも重い元素は、恒星の中での核融合反応と超新星爆発によって作られたというのは、天文学の常識である。

われわれの体は、かつて星として輝いていた。

死んでお空の星になるのではなく、生まれてくるずっと前にお空の星だった、というわけだ。

かつて遥か遠くの宇宙で星として輝いていた物質が巡りめぐって、人の血となり肉となるというのは、まさしく天文学的に確率の低い話ではある。

われわれはすでにありえない人生を生きている。

これが確かな事実であるとしても、だから感謝しなさいとか自分の境遇に文句をいうなとかいわれて素直に納得できるとは限らないだろう。事実は事実。それをどう受け止めるかはまた別の話だ。

「恒星として輝いていた物質が、人間の肉体を構成する確率は低い」ということが「正しい」というのと、「人間に生まれたことをありがたく思い、自分の境遇に文句をいうべきでない」というのが「正しい」というのとは、まったく別の話である。前者は事実にかかわる「正しさ」で、後者は人の生き方、振る舞い方にかかわる「正しさ」だ。同じく「正しい」ということばを使っていても、全く別の概念なのだ。前者は事実と一致していることを、後者は規範に従っていることを意味する。本書の主題は後者・規範的な「正しさ」だ。

†神は死んでいなくても

生き方、振る舞い方の「正しさ」は、人が決めることか。それとも、人間の意志を超えた絶対の「正しさ」があるのか。

日本では、神とか宗教はどこかうさんくさく、分別を備えた大人が信じるものではないとする風潮があるようだ。しかし、神の存在は実証されていないかもしれないが、反証もされていない。存在しないという確かな証拠もないのに、頭から否定することはむしろ不合理な態度なのではないだろうか。そして、神を信じることはある意味で非常に合理的なのである。

神を信じるメリットとしては、次のようなことが考えられる[1]。

① 死んで自分が消えてしまう恐怖から解放される。
② 死んだら生前の行ないに従って天国または地獄に行くと考えることは、善行を促し、悪行を慎む動機づけになる。
③ 大切な人が死んでも、天国で楽しく暮らしていると考えれば悲しみが和らぎ、自分の死後また会うという希望をもつことができる。

デメリットとしては、お布施をしたり戒律を守ったりしなければならないことだが、メリットが大きければ受け入れてもいいだろう。そして、重要なのは神であって教団ではないのだから、「全知全能で慈愛あふれる存在」につねに見守られることだけを信じて、教団は拒否すればいいわけだ。

神の存在が証明できないなら、神を仮定すればいい。

このアプローチの唯一にして最大の欠点は、そういう損得勘定が「信じる」という行為の対極にあるということだろう。損だと思えばすぐにやめる、という状態では「信じている」とは言いがたい。

さて、以上のように、神の存在を信じることができれば、信じる者の幸福に役立つかもしれない。だが、神が存在するとしても、「神の正しさ」を人が誤りなく認識できるということにはならない。神は全能かもしれないが、人はそうではない。神の意志を誤解する可能性はつねにある。

神のような意志を備えた存在ではなく、自然法則のように客観的に妥当する「正しさの法則」によって絶対的な「正しさ」が決まると考えても、事情は変わらない。絶対的な正しさの法則を、人間が正しく理解できるかどうかはわからないからだ。

こう考えてくると、神が存在するかどうかとか、絶対に正しいことがあるかとかいうことは、答える必要がない問題だとわかるだろう。人間が誤りうることさえ認識しておけば十分なのだ。

考えても仕方のないことは考えない。これは大人の知恵というものであろう。これは、一見すると開き直った投げやりな態度に思われるかもしれないが、決してそうではない。「考えても仕方のないことは考えない」のは、考えることを放棄することではない。それどころか正反対でありうる。考える意味のあることをギリギリまで考えるために、時間の浪費を避けるのだ。人間に与えられた時間は有限である。仕方のないことを考えることは、意味のあることを考える時間を減らすことに他ならない。

けっきょく、神が存在していようといまいと、神を信じていようといまいと、絶対的な正しさは「実際問題として」存在しないのと同じなのである。われわれは、神を当てにせずに自分たちで「正しさ」の問題に取り組まなければならないのだ。

†「自由」という不自由

「正しさ」を決める絶対的な基準は「実際問題として」存在しない。それならば、いっそそんなものはなしで済ませればいいのではないだろうか。

――あらゆる束縛を打ち破って、思いのままに生きてみたい。

そんな風に思ったことはないだろうか。「正しさ」（およびそれを定める規範）を持ち込むことは、「してはいけないこと」を作り、不自由を持ち込むことでもある。どうして心のままに振る舞う自由を放棄しなければならないのだろうか。この疑問に答えるために、規範が全くない状態について考えてみよう。

あなたは何をするのも自由だ。自然法則以外にあなたを縛るものは何もない。殺したければ殺せばいい。欲しければ取ればいい。

こういう状態は、一見自由に見えるかもしれないが、じつはとても不自由な状態であることはすぐわかるだろう。あなたが殺すのが自由ということは、あなたを殺すのも自由ということだ。あなたが取るのが自由ということは、あなたのもの[2]を取るのも自由ということだ。生命も、財産も、いつ奪われるかわからない。そういう状態では、思いのままに振る舞うことなど全くできないだろう。

あなたは、自分がしたいようにしたい。もっともだ。だが、他人も自分のしたいようにしたい。万人が思いのままに振る舞おうとすることは、万人がその思いを遂げられないということでもある。自動車の運転を考えてみよう。左側通行も信号も速度制限もセンターラインもなく、万人が思いのままに自動車を走らせて、目的地まで無事にたどり着けるだろうか。

人がしたいこと（欲求）を実現していくために、ルールを定め、「してはいけないこと」を決めなければならないのだ。あることが正しいか正しくないかは、そのルール（規範）に従って決定されることになる。

†欲求の交通整理

以上のように、人が欲求を実現するためには、調整原理としての規範を持ち込み、さまざまな人のさまざまな欲求を交通整理して秩序を作り出さなければならない。では、どのようなかたちの交通整理をすべきなのだろうか。

すべての人の欲求がどれも全く満たされないことは望ましくない。すべての人の欲求が完全に満たされることは望ましい。このことは、あえて論じるまでもないだろう。そして、最悪の結果は追求する必要がないし、最善の結果を達成するのはまず不可能だ。最善の結果をあきらめる必要はないが、次善に甘んずる場合について考えておく必要はある。では、両者の間で、一部の人がすべての欲求を満たすことと、すべての人ができるだけ多くの欲求を満たすことと、どちらが「正しい」のだろうか。

この問いは、絶対王制や貴族制と民主制とでどちらが正しいのか、という問いのように見えるかもしれないが、必ずしもそうではない。絶対王制ないし貴族制のもとで、すべての人ができるだけ多くの欲求が満たされる秩序を作り出すことは可能だからだ。だが、これらを「欲求の交通整理」の二つのパターンのイメージとして考えるのは悪いことではない。自らの欲望に忠実な絶対君主のための秩序を作り出すための規範システムと、対等の個人が自分の欲求を最大化しようとするための秩序を作り出す規範システムのどちらが「正しい」のか。

最初に考えられる答えは、どれが正しいということは理論的に決定できない、というものだ。一人ないし少数の人間を優先する交通整理、すべての人を平等に扱う交通整理、の二つの整理の仕方があって、それぞれに優劣はないという考え方だ。これは二つの規範群（整理の仕方）を、対等な公理系のように扱うやり方だ。

平面幾何学と双曲幾何学と楕円幾何学が、どれも矛盾のない幾何学の体系であって、どれが優れているというものではないというのと同じように。(3)

この考え方によれば、この二つのやり方のどれをとるかは、好みや偶然によって決定されることになる。どれが選ばれるかに、歴史的な必然はあるかもしれないが、理論的な根拠はない。

†「人間の尊厳」は公理にできるか

さて、右の三つの幾何学は、四つの公理を共有している。違うのは、第五番目の平行線公理だけだ。逆にいえば、第五公理の設定のしかたで幾何学体系が分かれることになった。同じように、この「欲求の秩序」の違いを分けるために設定すべき公理として考えられるのが、「人間の尊厳」である。各個人が等しく尊厳をもつものであるとするならば、一部の人間が優先されるような秩序は正しくないということになるだろう。

だが、すべての者が永久不変にもつとされる「人間の尊厳」とはいったい何なのだろう。幼児を誘拐して性的に虐待して殺すような人間と自分の生命を危険にさらしても他人の生命を救おうとする人間とが、同じ「人間の尊厳」をもっているとするべきなのだろうか。

ユダヤ人だから、身分が低いから、そういう理由で差別されることを否定する原理として「人間の尊厳」を主張する歴史的な意味はたしかにあっただろう。だが、これらの差別は、「人間の尊厳」を公理として設定することなく否定できるものだ。

生まれや性別で尊厳を否定することはたしかに不当だろう。だが、幼児を性的に虐待するような行為さえ、行為者も人間である以上その尊厳を否定することにならないと考えることは、「尊厳」ということばを無意味にしないだろうか。人間は尊厳をもちうる存在である。そして、自らの行為によって尊厳を失いうる存在である。「尊厳」ということばを空っぽの抽象概念にしないためには、むしろそう考えるべきだろう。そしてもう一つ、失った尊厳を回復する可能性をもった存在であるということも心にとめておこう。たとえ、それがとても信じられないような場合があるとしても。

人間の尊厳は公理にできない。それでは、上の二つの「公理系」は、並列しておくしかないのだろうか。

そうではない。じつは両者は公理系として対等ではないと考えるほうが適切である。なぜなら、「特定の人間を優先する規範システム」は、欲求の調整原理としては不完全だからだ。というのは、「特定の人間を優先する」場合には、その特定の人間を決定しなければばならず、そのための公理が別に必要だからだ。

これに対し、すべての人を平等に取り扱う規範システムは、特定の人間を選び出す公理を必要としていない。公理系として完結しうるのはこちらだけなのだ。

そして、「人間の尊厳」は、弱いかたちでこちらの規範システムにも含まれていると言っていい。というのは、人であるというだけで、規範システムの中で平等な主体として認められるからである。ミミズやマグロははじめから除外されてしまうのに、だ。

われわれは、たまたま人間として生まれた。人間は他の生物とは全く異なった特別な存在なのだろうか。生物学はこの問いを否定する。人間が生物として生きているメカニズムは、他の生物とどくに変わったところはない。われわれにとって人間が特別なのは、われわれがたまたま人間で、人間を特別な存在として意識しているからにすぎない。

だから、人間は人間であるというだけでとりあえず行為主体として考慮の対象になる。そういう消極的な平等がすでに上記の公理系の中に組み込まれているのである。「人間の尊厳」という公理を組み込まないシステムのほうが、各人を各人の違いに応じて扱うというやり方の妨げにならないという意味でも、システムとして柔軟であるということができるだろう。

†「正しさ」と欲求の関係

以上のように、欲求の満足を実現するためには調整原理としての「正しさ」が必要だ。では、「正しさ」は欲求満足の手段にすぎないのだろうか。

そのとおり、という答えは人をがっかりさせるようなものかもしれない。欲求の中には、「正しくない」欲求があるのではないか？　たとえば、腹が立って人を殺してやりたくなる場合だ。「正しさ」が欲求満足の手段にすぎないというのなら、それは暴力をふるいたい人間にとっての木刀と同じようなものにならないか？　やはり、殺人を悪として「正しくない欲求」を否定しなければならないのではないか？　「人を殺してはいけない」といえないような「正しさ」に何の意味がある？

この疑問はもっともだ。欲求の中には、ほとんどの人間にとって否定すべきものがあると言っていいかもしれない。しかし、「ほとんど」であることが根拠になるという考え方は、数に頼っている。そして、数に頼ることは、事情が変わって少数派に転落すれば、否定されることを認めなければならないということでもある。本章では、「数」ではなく「理」に基づいて話を進めることにしたい。もちろん、「数」で決めなければならない場合はある。だが、「数」に頼る前に「理」で決定できることをまず明らかにすべきだろう。

神のような人間を超えた絶対的存在を前提にせず、最初から特別な人間がいることも認めずに考えようとする限り、どの欲求も「特別ではない誰かが望んだもの」ということにならざるをえない。

それでは、「人を殺したい」という欲求も、「人を助けたい」という欲求も、人の欲求として平等に取り扱われなければならないのだろうか。

そうではない。「人を殺したい」という欲求は、「欲求の整理」の必要性から、必然的に否定される。ある人を殺すことはその人のすべての欲求を否定することであり、「欲求の調整」そのものを否定することだからだ。交通整理の比喩を使うなら、こういうことになる。どこへ行こうとするかは、とりあえず勝手だ。目的地によって差別はしない。西へでも東へでも、好きなほうへ行くがいい。でも、どこかへ行こうとしている人にわざとぶつけるようなことは「正しくない」。

これが、人がそれぞれの欲求を追求することを可能にする最小限の枠組みだと思われる。力ずくでも実現すべき最低限必要な規範＝法の範囲は、ここまで絞ることができるかもしれない。これで、とりあえず生きて欲求を満たしていくことができるはずだ。

†欲求と一貫性

人を傷つけること自体を目的とするような欲求は「正しくない」。では、人を傷つけなければそれ以外の欲求は同じように「正しい」のだろうか。人を傷つけさえしなければそれでいい、というのはあまりにも消極的だと感じられるかもしれない。「正しい」というのは、もっと崇高なものではないのか？

もし人を傷つけない行為が「正しさ」という点で全く同じ評価を受けるのだとしたら、道ばたに赤ん坊が捨てられているのを見かけたときに「赤ん坊を拾って世話をする」のも、赤ん坊は放置して、その傍らの「石を拾って眺める」ことも同じように正しいということになる。世話をしたければそうすればいいし、石を見たければそうすればいい。どちらも、自分の欲求を満足させているだけだ。

これはある意味でいまの法律のあり方を示していると言っていいかもしれない。捨て子の世話も、石の観察も、どちらも強制されもしていないし、禁止されてもいない。とはいえ、おそらく多くの人にとって、捨て子の世話をすることのほうが「正しい」と感じられるだろう。石の観察は、正しくも間違ってもいないというのが常識的な見方といって差し支えあるまい。

では、多数者の感覚のような、数に頼った判断ではなく、「理」に従って捨て子の世話のほうを「正しい」と考えることはできないのだろうか。

まず、両者を「理」に従って区別することは可能である。ふたたび交通整理の比喩を使うなら、何らかの目的地をもってそこにたどり着こうとするか、ただ何となく車を走らせているかである。「赤ん坊を助けたい」というのも、「石をよく見たい」というのもそれぞれ欲求の一つではあるだろう。だが、両者には単なる人の主観を超えた違いがある。「赤ん坊を拾って世話をする」ためには、赤ん坊の健やかな生育という目的を達成するために、自らの行為を合理的に制御する必要がある。その行為には、傷つけないという点では同じでも、うまく世話をできたか、そうでないかの区別がある。

これに対し、石を拾って眺める行為には、まったく一貫性の必要がない。道ばたでなく、河原でも別にかまわないだろうし、時間に縛られることもない[4]。対照的に、赤ん坊を拾って世話をすることは、行き当たりばったりでは不可能だ。ミルクを・離乳食を・食べ物を、時期に応じ、定期的に・考えて与えなければならない。つねに話しかけ、笑いかけ、見守り、赤ん坊にいま何が必要か、これからどうするかを考えなければならない。そして、どれだけうまくできたかを考えることは、自分がどれだけ向上できたかを測ることでもある。

このように、行き当たりばったりな偶発的欲求と、はっきりとした目標をもった系統的欲求とは、特定の主観に依存することなく区別することが可能だ。そして、後者を「より正しい」と設定することはほとんど必然的に決まるといっていいかもしれない。生存競争が行なわれている状況を想定すると、生き残りに有利なのは後者だからだ。

前者は時間の中で淘汰されていくことになるだろう。歴史の中で淘汰された結果として、われわれは後者を「より正しい」と感じるようになったと言ったほうがいいかもしれない。系統的欲求は、進歩や向上の「軸」をもっている。これが、「正しさ」の積極的な機能の一つである。(5)

†協調と「正しさ」

さて、「正しさ」の積極的な意味はもう一つある。「正しい」振る舞いと「正しくない」振る舞いとを分ける規範をもつことは、共同作業を可能にする。何かを共同で行なうときには、なんらかの規範が必要である。

このことが一番はっきりしているのは、サッカーなどの競技だろう。規範(この場合はルールと言ったほうがわかりやすい)なしにサッカーはできない。ルールの違いがサッカーと別の競技を分けるのだ。ボールを手でもってよいか、どこにボールを入れれば点になるのか。こういったことはルールで決まる。どこに蹴ったら点が入るのかもわからないのでは試合にならない。

格闘技で「バーリ・トゥード」というやり方があると聞く。これは文字どおりには「なんでもあり」という意味だそうだ。ルール無用。相手をぶっ倒したほうが勝ち、というのはたしかにわかりやすく思える。だが、実際の競技ではルールなしというのはありえない。

まず、選手の安全を確保する必要がある。殺し合いのほうが面白い？ まぁ、観客にはそう思う人もいるかもしれない。だが、選手の安全の確保は、選手のためだけではない。その競技にかかわる者すべてにとって利益になることだ。なぜなら、毎試合ごとに選手が死んでしまうのでは、競技人口を確保することが難しいだろうし、選手生命（これはまったく文字どおりの意味になる）が短くなることは、技術の錬磨という点でも問題である。ベテランの磨き上げた技術を見る機会が失われることは、観客にとっても残念なことではないだろうか。

では、すばらしい技術ではなく、ひたすら流血と残虐性を楽しむことが目的だとしたら、ルールは必要なくなるだろうか。

その場合ですら、観客の安全性を確保するルールは必要だろう。ほんとうにルールがないなら、観客を盾に取ったり、観客を投げて相手にぶつけてもいいことになる。

ならば、観客がどうなってもいいと認めるなら、ルールは必要なくなるだろうか？

やはり答えはＮＯである。ほんとうにルールがなければ、試合場に来る必要さえない。ホテルや自宅で相手が油断しているときに襲って殺してもいいことになるからだ。

ルールなしの殺し合いは競技になりえない。ルールが競技を成り立たせているのだ。そして、競技ほどはっきりはしていないが、社会についても同様のことが言える。たとえば、会社の中で、それぞれの人間が欲求のおもむくままに好き勝手に振る舞うのでは、仕事ができない。欲求を抑えて、しなければならないこと・してはならないことを定める規範があってはじめて協力することができる。これは、人間関係全般に当てはまるだろう。各人の欲求をコントロールする規範が社会を成り立たせており、規範なしに社会はありえないのだ。

†欲求と価値

一人ひとりの人間はそれぞれの欲求をもつ。食べたい、眠りたい、というような肉体にもとづく欲求が最も基本的なものだろう。こういう欲求は個人的なものだ。他人がいようといまいと、お腹はすくし、お腹がすけば食べたいと思う。

欲求は各個人がもつものだが、物事によって、多くの者が欲するものとそうでないものがある。多くの者によって求められる物事は、集団の中で重んじられるようになる。そういう状態を、ある物事に「価値」があるという。

このように、「価値」は一人ひとりの人間の欲求に由来するものだが、いったん社会の中である物事に価値があるとされるようになると、それ自体が欲求を生み出すことになる。本来、多くの人が欲するから価値があるのだが、他人が欲するから欲しくなるという状況が生まれるわけだ。また、自分が欲しくなくても、多くの者が欲することによって社会的に重んじられているものを無視することはできなくなってくる。こうして「価値」は特定の人の欲求に還元できない独自性をもつことになる。欲求は個人的なものだが、「価値」は社会的なものなのだ。

価値とかかわりをもたないような欲求は、「正しさ」を考えるうえで無視していい。ある人が河原の石を拾って眺めたければ、そうさせておけばいいのだ。「正しさ」を考えるうえで重要なのは、社会的に重んじられている価値のほうだ。ひとびとが社会の中で生きていこうとするとき、しばしば価値をめぐって争いが起きる。社会の中で保護すべき「価値」、実現すべき「価値」とはいったい何だろう。どの「価値」を優先することが「正しい」のだろう。次章では、この「価値」の問題について論じよう。

註

(1)ここではメジャーな宗教に当てはまる特徴を挙げている。これらの特徴に当てはまらず、その意味でメリットの少ない宗教もあるかもしれないが、ここでは考慮しない。メリットの少ない宗教を信じなければならないわけではないからだ。ここで論じているのは、設定の仕方しだいで、神を信じることは合理的な選択になりうるということである。

(2)厳密にいえば、規範がない状態では「あなたのもの」は存在しない。あなたのものが存在するためには、あなたのものかどうかを区別する規範が必要だからだ。「盗む」ではなく「取る」と書いているのも同じ理由による。しかし、あなたが現にもっていて自分のために使うつもりのものはあるだろう。ここでは、そういうものを指して「あなたのもの」ということばを使っている。

(3)これら三つの幾何学体系は、平行線について違った公理を設定している。一本の直線l、その傍らにある一つの点pをまず考えてみてほしい。われわれになじみが深いのは、平面幾何学だ。そこでは、pを通り、lに平行な直線は一本だけ引けるということを公理としている。双曲幾何学では、pを通り、lに平行な直線は一本も引けないことを、楕円幾何学では何本でも引けることを公理とし、それに従ってそれぞれの幾何学体系が構築されている。

(4)ただし、何らかの目的を持って合理的に行動を制御する振る舞い方は、「石を眺める」ことから発展させることも可能である。石を観察して、系統的に、分析・分類していくことは、赤ん坊の世話をすることに劣らず、進歩や向上の「軸」をもった行為でありうる。そうなった場合、ふたたびどちらが正しいということは決定できなくなる。これは、限りある予算を社会福祉に使うのと科学研究に使うのとどちらが正しいのか、という問題につながるものだ。

(5)ただ、このような「正しさ」は、いま修正を迫られているといっていいかもしれない。欲求を系統的に推し進めることにより、われわれはいま限界にぶつかろうとしているからだ。われわれの飽くなき欲求を、有限の地球では支えきれなくなろうとしている。この問題は、最終章で取り扱うことにしよう。

第2章　すべての価値を支える価値は何か

†生命は最高の価値か

　命より大切なものがあるだろうか。あなたにとって、もし命が最も大切なものであるとしたら、なんて不幸な人生なのだろう。それは、敗北を約束された人生だ。最後には必ず失うのだから。

　たしかに、誰しも生きていたいだろう。それゆえ生命に最高・絶対の価値があるとできるなら、生命の尊重は最高・絶対の規範になるだろう。だが、はたしてそう言えるだろうか。

　序で述べたように、現代は「絶対」を喪失した時代だ。もちろん宗教はいまなお大きな力をもっている。だが、神という「絶対」を信じている者でさえ、その「絶対」が通用しない相手のいることは知っている。

「正しさ」を決定する絶対的な存在を前提にできない以上、誤り多き人間が、約束事として「正しさ」を作り上げていくしかない。その約束事の基準点になるようなモノはないだろうか。いかなる約束事をするとしても、無視できない基準となる点が。

なんらかの基準点がなければ、自分の立場を示すことさえできない。それがどこであれ、一つの場所を仮にでも決められたら、そこからの方角と距離で自分のいる位置を示すことができるだろう。大阪城から北西に一〇キロメートルなら場所を示すことができるが、「お城」から北西に一〇キロメートルというだけでは、どこの場所かわからない。お城はいろいろなところにあるからだ。

生命の尊重は、絶対・最高の価値として基準点になるだろうか。

命あっての物種ということわざがある。自分の命がちっとも大事ではないという人はまずいないだろう。では、生命が一番大事かというと、むしろほとんどの人にとってそうではないといったほうがおそらく真実に近い。「命より大事なものがある」ということばに、崇高さを感じるとしたらそれは錯覚だ。ほとんどの人が、命を長らえることを選ばない状況は、簡単に想定できる。

① あなたは、寿命が尽きるまで、何年でも生きることができる。ただし、その間拷問

を受けなければならない。残りの人生のすべての時間は、ショック死する一歩手前の苦痛を受け続けることになる。

②　あなたは、平均余命の半分で殺される。ただし、その間、人為的な強制的苦痛を受けることなく、完全に自由に行動できる。

この二つの選択を迫られたとき、生命の価値が最高であるとしたら、①を選ぶはずだ。だが、そんな人はほとんどいないだろう。

ショック死寸前の苦痛を受け続けなければならないとしたら、生きていても意味がない。ほとんどの人がそう思うはずだ。これは、苦痛というマイナスを避けるというだけの話ではない。

そのことは①の条件を少し変えれば明らかだろう。

①を、「あなたは、寿命が尽きるまで生きることができる。ただし、その間じゅう、ずっと意識不明の状態だ。苦痛も快楽も、何も感じない状態だ[1]」

こう変えたら、①を選択する人間が増えるだろうか。

命より大切なものがある、などというと何だか大げさに聞こえるが、じつは当たり前のことだということがこれらの設例でわかると思う。「○○のためなら死ねる」というような、特定の人物・理想・信条に集約されていることは滅多にないとしても、自分はただ生きてさえいればいいと考えるほうがむしろ例外といって間違いない。

†生命の「絶対的な」価値――メタ価値としての「正しさ」

では、生命は重要でないか、というともちろん違う。たいていの人は生命を重要だと思っているだろう。そして、生命は多数派が重要だと思っているから重要だというだけではない。多数派の意思がどうであろうと（仮に多数派が生命は重要でないと考えようと）、生命は、他のあらゆる価値とは異なる特別な価値である。それは、生命が他の価値を享受する前提になっているからだ。生命なしには、他のあらゆる価値を実現できない。そして、生命は、生命以上に重要な価値をもっている場合になおいっそう重要になると言ってもいいだろう。生命は、生命より重要なもののためにただ一度だけ使うことができる価値だからだ。

生命は、他の価値を享受する前提になっている特別な価値である（このような、他の価値を享受するための価値をメタ価値と呼ぶことにしよう）。このことは、先ほどの設例で①が選択されそうにない理由の説明にもなっている。拷問を受けたり、意識を失っていたりしたら、他の価値を享受できない。つまり、①は、生命がその特別な位置を失ってしまっている状態なのである。

生命なしに他の価値を享受できない。このことは「絶対に」正しい――われわれが経験できる世界においては。多くの宗教では死後の世界について語っているが、それはわれわれの経験で確認できない世界である。本書では、経験を超えた世界については語らない。ただし、経験を超えた世界を信じることを否定するものではない。そして、本書において語ることは、経験を超えた世界を信じている者にとっても重要である。

絶対の神を信じる者にとっても、生命がなければ現世でなにもできない（できると信じても、それを確認できないし、少なくとも肉体がなければできないことがある）ことは否定できないだろう。そして、自分の信じる神のために命を捧げることは重要であるとしても、他者にむりやり命を奪われることが望ましくないことは否定しないだろう。異なる神を信じる者の間では、死後の世界については共通の認識が成立していない。そういう者の間でさえも、現世において生命なしに他の価値が享受しえないことは「絶対に」正しいのである。

その意味で、生命には最高ではないとしても「絶対的な」価値があるということができる。ただし、「絶対」ということばは使わず、やや不正確にはなるが「特別な」価値だというほうがいいだろう。生命に絶対的な価値があるという言明は、生命が不可侵であるとか最高であるとか主張しているように誤解されやすいからである。少し耳慣れないことばかもしれないが、すべての土台になるという意味で、「基底的」な価値であるというのが、最も適切な表現だろう。

それゆえ、何が正しいのかについての絶対的な基準が存在しない社会においては、生命を最も尊重しなければならない。それは、生命より重要な価値が存在しないからではなく、生命より重要な価値を尊重するためには生命をも尊重しなければならないからだ。

絶対者が存在する社会においては、生命は二の次にできる。実際、日本でも「お国のために命を捧げる」ことが最高の美徳として奨励・強制されたし、それはそんなに昔の話ではない。各人が生命より重要な価値をもっていて、それを実現しようとすることを認める社会では、それぞれがもつ、生命より重要な価値のために生命を尊重する必要があるのだ。

†「秩序」というメタ価値

他のあらゆる価値の支えとなるという点で、生命に準じるのが「消極的な」秩序である。何らかの価値を追求しようとしていく場合に、無秩序な混乱状態では、望んだ結果を手に入れることは難しい。これは、第1章で述べた、欲求の交通整理によって作り出されるべきものだ。

「消極的」というのは、衝突が避けられるという以上のものを表していないからだ。軍隊の行進のような「積極的な」秩序は、人を一定の型にはめる。特定の主観に依存することなく、軍隊的な型を定めるのは不可能だろう。「理」によって定めうるのは、ぶつかり合うことを避けることだけだ。だから、各人の行動は思い思いにバラバラでいい。「理」によって定めうるのは、各人が自らの欲求を実現していくことが望ましいということまでで、特別な誰かが美しいと思うパターンを描くことではないのだ。

†「自由」というメタ価値

絶対的に〝何が正しいか・何をしてはいけないか〟が前提にできないならば、とりあえずすべての人は、他者の妨害自体を目的としない限り、自由に何をしてもよいというしかない。

それぞれの人は、自分の目的を自由に追求する。その中で人はしばしば別の人の自由とぶつかる。自分が通りたい道に他人が立ちふさがれば、どいてもらうか迂回するかしなければならない。どちらが道を譲るかについて、説得や取引が行なわれるだろう。こうしていくうちに徐々に規範が形成されてくるだろう。

上から決めずに（公理をあらかじめ設定せずに）自分で選ぶ自由を認めることにより、各自の価値判断が明らかになる。(2) 複数のやり方がある場合、人が選んだほうは、選ばなかったほうよりも、その人にとってより価値がある。リンゴとバナナのどちらに価値があるのかを決定する絶対的な基準はないとしても、ある人がリンゴとバナナのどちらを選ぶかによって、その人にとってどちらが価値があるかが判断できる。

これは、自由があってはじめて可能になることである。リンゴを選ぶことがあらかじめ決定されていれば、価値があると思って選んだのか、バナナのほうが価値があると思っていても選ぶことができなかったのかが区別できない。自由は、人びとが抱いている価値を知る前提である。そして、このような価値判断の集積によって共通の規範を形成していくことが可能になるだろう。まさしく、「人間は万物の尺度である」(3)。

各人の自由が完全に保障された理想の状態はこれまで存在しなかったし、これからも存在しないだろう。だが、制約のある状況の中でも、限られた自由はある。言い方を変えれば、ふつうに生きている限り、自由が全くないという状態もない。歴史の中で、人はそれぞれに目的を追求し、行動を選択してきた。その中で、公理として考えてもよいと思われるものはある程度浮かび上がっていると言っていいかもしれない。そして、それらは世界人権宣言や、各国憲法の中にある程度具体化されている。

ただし、これらはあくまで公理の候補にすぎない。人は完全ではありえず、歴史に偶然はつきものである。そして、歴史はまだ終わっていない。時の試練に耐えた公理的規範も、新たな試練の中で消えていく運命をたどるかもしれない。絶対に正しい基準がないからこそ、不断にそれを求め続ける意味がある。「正しさ」の観点からすれば、退廃は「正しさ」の判断を誤ることではなく、「正しさ」の判断を放棄することだろう。

†よりよい公理系を求めて

それぞれの人が重要だと思うことを実現していくためには、まず生きていなければならない。そして、ある程度は自由に行動できなければならない。自由に行動できるためには秩序が保たれていなければならない。生命と自由と秩序は、あらゆる価値を支える価値として、特別な位置にある。

特定の価値観を前提とせずにいうことができるのはここまでだ。生命と秩序と自由を尊重する価値体系にはさまざまなものがありうる。具体的にはさまざまな国、さまざまな文化を思い浮かべてみればいい。やりかたこそ違え、この三つを全く無視してしまうような文化はないだろう。さまざまな尊重の仕方の中で、どれがいちばん「正しい」のかを決定することは、もしかしたら不可能なのかもしれない。同じ文化の中にいる者たちの間でさえ、しばしば鋭い対立がおこる。

――価値観の違いですね。

これはしばしば議論を打ち切るために使われることばだ。根本的にものの見方が違うのだから、これ以上話しても仕方がない――。

打ち切ってそれで何もせずにすむなら、それもいいかもしれない。だが、最も鋭い対立が起きるのは、どちらかに決めなければならないと思われるときだ。死刑を廃止するのか、維持するのか。脳死を人の死と認めるのか、認めないのか――。

われわれは、たまたまこの小さな星に人間として生まれ合わせた。好むと好まざるとにかかわらず、いっしょに生きていかなければならない。かかわりなく生きていくには、われわれの力は大きくなりすぎた。あるところで二酸化炭素を排出すると、その影響は地球の裏側にまで及ぶ。

そして、たまたま人間であるわれわれは、人間のことが気にかかる。飢えてやせこけた子どもの写真を見ると心動かされる。それが、遥か遠くの国の、いままで会ったこともないし、これからも会うはずもない子どもであったとしても。

われわれは、同じ人間だ。でも、考え方、感じ方は同じではない。そういうわれわれが、できれば仲良く、少なくとも傷つけ合うことなく生きていくにはどうすればいいのだろう。主観を超えた「正しさ」は、それぞれの価値観自体ではなく、異なった価値観の調和だ。そう、違いがあることは希望でもありうる。

和音を思い浮かべてみよう。単純なド・ミ・ソの和音でいい。あなたはドの声を響かせてほしい。わたしはミの音を奏でよう。もう一人にはソの音をお願いしよう。同じ音では和音にならない。それぞれが違う音を奏でるからこそ和音が響く。

オーケストラのことを考えてみよう。同じ楽器をいくら集めてもオーケストラはできない。チェロはチェロの、フルートはフルートの、トランペットはトランペットの、それぞれ独自の音色をもっているからこそ、オーケストラが成り立つ。

「正しさ」の理想は、オーケストラの交響楽だ。それぞれが異なり、もっとも自分らしくしていることによって、美しい音楽を奏でることだ。

いうまでもなく、理想までの道のりは遠い。だが、出発点は明確だ。価値観の違いを認めること。これは終わりではない。「正しさ」の探求はここから始まる。

註

(1)すぐに気づくと思うが、この二つの設例は尊厳死・安楽死、さらには脳死の問題を意識した設定になっている。脳死については別の章で取り上げている。安楽死・尊厳死の問題については、今回は取り上げない。ここでは、単に生物として生きているだけではほとんどの人にとって価値がないということと、だからといってすぐに安楽死・尊厳死が認められるべきだというほど単純な問題でないことだけを確認しておきたい。安楽死・尊厳死では、前者を前提としても別の配慮が重要かつ必要なのだ。

(2)このように、自由はそれ自体に価値があるのではなく、自由があることによって価値のあるほうを選択できるから価値がある。つまり、手段としての価値なのだ。これは、お金にそれ自体として価値があるのではなく、お金を使ってできることのために価値があるというのと同じである。そして、ある種の人たちにとって手段と目的が逆転していることでも、この二つはよく似ているといえるだろう。お金自体に価値を見いだし、使うことなくひたすら金を求める者を金の亡者というなら、自由自体に価値を見いだし、その自由をどう使うかについての理念をもたない者は自由の亡者というのがふさわしい。

(3)ソフィストのプロタゴラスが相対主義の標語として用いたことば。ここでは逆に、相対主義を克服する標語として使っている。

第3章 規範は「死」を決められるか

†規範と事実の関係

脳死は人の死か。これは鋭く意見が対立している問題だ。そうだという答えと、ちがうという答えのどちらが正しいのだろうか。

第1章で述べたように、「正しさ」には二種類ある。規範的な「正しさ」と事実的な「正しさ」だ。両者は全く性質が違うので、どちらの「正しさ」について論じているかをはっきりさせておかないと、議論は平行線をたどるしかない。

脳死論議がすれ違い気味だった大きな理由はこのことだろう。わたしの印象では、文化や宗教の観点から脳死は人の死ではないと主張した者は、主として〝脳死状態の人間を死んでいるものとして扱うべきか〟という規範的な「正しさ」を論じようとしていた。それに対し、医学の観点から脳死は人の死であるという主張をした者は、主として〝脳死状態の人間は生命活動をしているか〟という事実的な「正しさ」を論じようとしていた。そして、両者ともに規範的主張と事実的主張が微妙に交錯していたように思われる。

ところが、規範的に脳死は人の死ではないということと、事実的に脳死は人の死であるということは、別に矛盾しない。それは、規範として殺人は認められないということと、事実として殺人が行なわれているということが矛盾しないのと同じことなのだ。

二つの「正しさ」の違いをわきまえたうえで問題を整理することで、脳死、さらには臓器移植の問題を解決する道が見えてくる。抽象的な理論の意味は、具体的な問題を分析・理解し解決する役に立つということにある。

規範の一つの重要な特徴は、事実から自由だというところにある。事実は客観的に確定できるものである。[1]ある時あることが起こったという事実は、後から変更することができない。それに対し、規範では事実に反することを定めることが可能であり、実際、われわれの社会では事実に反することを規範的に決定している場合がある。[2]

一例を挙げよう。民法八八六条一項は「胎児は、相続については、既に生まれたものとみなす」と定める。いうまでもないが、胎児はまだ生まれていない。また、相続にかかわる胎児と相続にかかわらない胎児とで、胎児自身に実体的な相違があるはずもない。

この規定は、胎児を保護するために、あえて事実と反する扱いをしているのだ。父親が死んだ場合、生まれていないと財産を相続することができない。胎児は法律上権利の主体になれないからだ。しかし、胎児は、自然の経過をたどれば何カ月か先には生まれてくる。父親の子どもとして生まれてきながら、父親の財産を全く相続できないのは、胎児（ひいては母親）が生まれた後で、生活に支障をきたす恐れがある。これは亡き父親の意志にも反するだろう。そこで、法律は胎児でありながら「生まれている」という、事実に反する取り扱いをして、生後の生活保障に役立つように取りはからっているのだ。(3)

†胎児は人間か

あなたが人間であるかどうかは、動かしがたい事実の問題だとあなたは考えているかもしれない。たしかに、新書を読むことができる存在、人と会話ができる存在は、異論の余地なき人間であろう。では、胎児の場合はどうだろう。胎児は人間だろうか。

事実の確定は、自然科学の領分である。生物学的には、おそらくヒト（ホモ・サピエンス）だという以外の結論を出すのは難しいだろう。少なくとも、犬や猫でないことは確かだ。胎児は胎児という存在であって人間ではない、ということもできないだろう。人間の女性の胎内に存在する胎児は、犬や猫の胎児ではなく、「人間」の胎児であると認めざるをえないはずだ。

ところが、自然科学の判断がどうあろうと、われわれの社会は胎児を人間として扱ってこなかった。もし胎児が人間なら、「中絶」（人工妊娠中絶）は、殺人である。しかし、刑法では、殺人とは別に堕胎罪を設けており、胎児は法律上の人として扱われていない。刑罰も、最高で七年の懲役であり、死刑を科しうる殺人とは大きく異なっている。

自然科学がいかなる結論を出そうと、社会的・法的には、胎児は人間ではない。そして、生物学者や医学者が、胎児が人間であるか否かは科学的な事実の問題であり、素人は口を出すべきでない、と仮に主張したとしても、われわれは耳を貸さないだろう。

†死の統一的理解

脳死についても、胎児の場合と全く同じように考えられる。すなわち、脳死[4]が人の死かどうかは、医学の判断（事実の判断）がどうであろうと、社会的・法的に決定してよい。その決定は、社会的必要性・便宜にしたがって行なうことができ、明白に事実と反する決定も可能である。

脳死論議では、「脳死は人の死か」という問題を純粋に規範の問題として処理せず、事実としてどちらなのかという問題に引きずられてしまったため、議論が、絶対的・非妥協的な色彩を帯びることになった。そのために「神学論争」という言い方もされたのは皮肉な話だ。「脳死は、人の死として扱うこともできるし、扱わないこともできる。どちらを選ぶべきかは、どちらが社会の必要によりよく応えることができるかによって決定される」。このことを明確にしておけば、妥協と柔軟な対応が可能になったはずだ。

じつは、「脳死は人の死か」という問題設定自体が非科学的である。まず、自然科学的な観点からすれば、生物の死の中で「ヒトの死」だけを特別扱いにする理由がない。

さらに、「死」は否定的な概念である。ほら、これが死だよ、と指さすことのできるような実体はないのだ。これは、「闇」がそれ自体としては実体がなく、自然科学の対象にならないという事情とよく似ている。死は、生きていないこと、すなわち生命活動の停止という、否定的なかたちでのみ定義できる。したがって、死を定義しようとするなら、生きているという状態を定義し、その否定として死を語るということになる。

そして、生命を科学的に把握しようとするなら、ヒトの生命も、牛の生命も、樫の木の生命も統一的な説明が必要だろう。脳が機能していることやそうでないことを、生死の定義に使うことは、生命の統一的理解を不可能にする。樫の木に脳はないが、それでも生きているからだ。脳死が死の定義であるなら、脳死にならない樹木が死ぬことはありえないことになってしまう。ただし、ここで注意すべきは、脳死の対抗概念として主張された心臓死（三兆候死）もまた、生死の定義には使えないことである。樫の木には心臓もないからだ。

脳死の議論が不毛だったのは、脳死を人の死と定義しようとする者も、心臓死を人の死と定義しようとする者も、どちらも間違えていたからなのである。脳死を人の死とすることは、死の定義の変更ではない。人の死の判定基準の変更にすぎないのだ。死を生命機能の不可逆的停止というように普遍的に理解したうえで、生物ごとに違った判断基準を設けることは、非科学的どころかむしろ合理的だといえる。

†脳死状態のヒトは死んでいるか

それでは、脳死をヒトの死の判定基準として採用することは妥当なのだろうか。言い換えれば、自然科学（生物学・生命科学）の観点からすると、脳死状態のヒトは、死んでいるのだろうか。

違うだろう。脳死状態のヒトは、生物としては生きている。もちろん、瀕死の状態であることには間違いがないのだが。

脳死を「人の死」とする根拠として、有機的統合説が唱えられた。これは、簡単にいうと、生きていることを、一個の生物としてのまとまりをもって生きていることとする考え方だ。脳がその統合作用を統括しているので、脳死状態だと、個々の細胞や臓器は生きていても、一個の生物であるヒトとしては死んでいるという訳だ。

だが、この考え方はむしろ脳死状態のヒトが死んでいない根拠となりうるものである。脳死状態のヒトは呼吸をし、血液は循環し続けている。脳死状態で妊娠を続け、出産した例もある。脳死状態は、有機的統合が失われようとしている状態ということはできるだろうが、有機的統合を全く失っている状態ということは不可能であろう。

たしかに、脳死状態の有機的統合は、自律的に保たれているわけではない。人工呼吸器を外せば、その統合はただちに失われてしまうだろう。だが、機械的補助手段のあることは、有機的統合が存在しないことを意味しない。人工心臓を付けているヒトは、人工心臓を外せばただちに死んでしまう。人工心臓を付けているヒトが有機的統合を保っていられる（＝生きている）のは、機械的補助手段のお陰である。だからといって、人工心臓を付けている人は死んでいるなどということは不可能だろう。

有機的統合を保っていないヒトは死んでいる。これを受け入れることは、脳死状態のヒトが死んでいることを意味しないのだ。そして、ヒトの有機的統合を保っているのは、脳（神経系）だけではない。心臓（循環器系）も胸腺（免疫系）もまた、有機的統合を保つのに不可欠の臓器なのである。機械的補助手段に頼っているだけで、自律的に統合作用を保てない存在は死んでいる、というのなら、人工心臓を付けているヒトは死んでいるということになってしまう。

†脳死を人の死とすべきか——臓器移植の便宜と人間の尊厳

以上見てきたように、脳死状態のヒトは、自然科学的事実としては死んでいない。だが、規範的に死んでいると扱うことは可能である。前節で書いたように、民法では相続に関して、生まれていない胎児を生まれたものとして扱っている。規範の上では事実に反する取り扱いが可能なのだ。

しかし、当然ながら、可能だということとそうすべきだということとは全く別問題である。包丁で人を刺し殺すことが可能だからといって、そうすべきだということにはならないのと同じだ。脳死を人の死とすべきもっとも重要な理由(5)は、臓器移植をするうえで便利だからということだろう。

じつは、心停止後でも移植は可能だ。腎臓など、かつてはアメリカから冷凍されたものを輸入していたくらいである。しかし、血流停止で損傷を受けやすい臓器もある。そうでなくても、一般的に、時間が経つほど移植手術の成功率は下がってしまう。臓器移植の観点からすれば、死であるとする時期はできる限り早いほうが望ましい。

そして、臓器移植を速やかに行なうことは、臓器移植でしか助からない（助けるのが難しい）病気にかかっている人やその家族にとっては、非常に切実な問題である。それを考えるなら、できる限り早く死の時期を設定するべきだろうか。

しかし、脳死状態あるいはそれに近い状態の人やその家族にとっては、死の時期を早くすることに何のメリットもない。それどころか、できる限りその判定を遅らせることが望ましいといえるだろう。そして、死の判定が下された後も、すぐに治療停止したり移植したりするのではなく、しばらくは様子を見て判定に間違いがないことを確認したほうがいいということになるだろう。

†概念論争を超えて――二つの設例

① 脳死はあまりにも突然に

わたしは、昨年妻を亡くした。交通事故だった。

職場に妻が事故にあったという電話連絡を受けたわたしは、ただちに病院に向かった。電話では容態までわからない。すぐに来てくれという電話にただならぬものを感じながら、きっと大したことはないんだ、〝みんなオオゲサなんだから〟ちょっと負傷した妻がそういってくれることを願いながら、わたしは病院へ急いだ。

DOA : Dead On Arrival（到着時死亡）。妻が病院に運ばれてきたとき、すでに心臓は停止していたと、医師から告げられた。いま、集中治療室で懸命の救命努力がなされているところだという。わたしにできるのは、祈り続けることだけだった。こんなに近くにいながら、わたしは妻の顔を見ることも許されなかった。

それからどれくらい時間がたったろうか。

「お気の毒ですが——」

わたしは妻に会うことができた。妻は脳死状態だという。いかなる努力をしてももはや妻を助けることはできないのだと医者はいう。そんなはずはない。そんなことはありえない。彼女はすばらしい女性だ。わたしたちはこれからまだすばらしい時を迎えることができるはずだ。そろそろ子どもがほしいね。昨夜そんな話をしたばかりだというのに。

妻の顔は、眠っているかのように安らかだった。

わたしはどうしても、妻が死んでいることが信じられなかった。脳死状態とは、こんな様子に対して出されるものなのか。数値やグラフや判定手順の説明ではとても納得できるものではなかった。医師が判定を間違えたのではないか。仮に間違えていないとしても、「奇跡」は起こるのではないか。

医師はねばり強く説明してくれたが、わたしはだんだん疎ましくなってきた。そんなに死んだことにしたいのか。医師の使命は、患者の命を助けるために最善の努力をすることではないのか。次第にわたしの意識は医師から離れていった。もし、ほんとうに、妻がもう助からないのだとしたら、せめて二人で静かに過ごさせてもらうわけにはいかないのだろうか。

それでもしつこくわたしに話しかけてくる誰かがいた。「ドナーカードが……。臓器移植が……」

わたしは頑なに心を閉ざしていた。わたしは、泣くことも、妻にすがりつくこともできなかった。わたしは指一本動かすことができず、ただただ妻の傍らで立ちつくしていた。何をいわれようと、わたしは妻のそばから離れられなかった。いま、このときを誰にも邪魔されたくなかった。

いま思えば、ずいぶんみっともない姿だったかもしれない。それでも——とわたしは思わずにいられない。愛する者との別れがどのようなものか、それは、そのときにならなければとても想像できないものなのだと。他人から見ていかにぶざまなものであったとしても、本人にとってはこの上なく神聖なものなのだと。

妻もわたしも、ドナーカードをもっていた。臓器移植について話し合ったこともあった。わたしは妻の意思を裏切ったのだろうか。そうは思わない。わたしが脳死になったとしても、妻は同じことをしたと思う。わたしたちは、あまりに無邪気だったのだ。ドナーカードが何をもたらすかが全くわかってなかったのだ。

いま、わたしは臓器移植をあってはならないものだと思う。他人の死を前提としてしかなりたたないもの。そんなものは医療ではありえない。生死は天が決めるものだ。病気で死ぬことはとても悲しいことではあるけれど、それは運命として受け入れられることだと思う。たかだか人間にすぎない医者がそれをどうこうできると思うのはあまりに傲慢だ。人の最も神聖な瞬間に他人が土足で踏み入るようなことは絶対に許すべきではない。

② 束の間、地上に

わたしには三歳になる娘がいる。心臓疾患のために、このままでは長くは生きられないと診断されている。たった一つの希望は、心臓移植を受けることである。

治療には金がかかる。一秒でも長く娘のそばにいてやりたいけれど、勤めに出るのをやめるわけにはいかない。勤めを終え、夜遅く病院にたどり着くとき。娘はもう眠っている。おそるおそる彼女の手に触れてみる。暖かい。そんなとき、どうしようもなく涙があふれてくる。この温もりを守るために自分ができることがいかに少ないことか。この温もりのはかなさと愛おしさを語ることばをわたしはもたない。ただ思う。何でもしたいと。

五年生存率。残酷なことばだ。たとえ移植を受けられたとしても手術が成功するとは限らない。成功しても、完全な健康体になるわけではない。そんなことはわかっている。でも、娘はまだ三歳なのだ。あと五年でも、三年でも生きられたら……。娘は病院の外の世界を知らない。少しでも見せてやることができたなら。手をつないで娘と一緒に道を歩いてみたい。娘に肩車をしてやりたい。娘が木々や草花の美しさに顔を輝かせるのを見てみたい。

馬鹿なやつだと、無駄なことだと笑ってもいい。でもお願いだからわたしたちの邪魔をしないでほしい。臓器移植に反対の人がいることは知っている。しかし、生命にかかわることをただ不自然とかいうだけで否定できるものだろうか。わたしたちはいやがる人からムリヤリ臓器を取ろうなどとは思っていない。進んで臓器を提供してくれる人がいる。自分には何の得にもならないことをしてくれる人がいる。その愛を疑えるだろうか。どうして横から口をはさむことができるのだろうか。

社会全体として、医療全体として、臓器移植がいいことかどうか、わたしにはわからない。しかし、苦しんでいる人間のために何かしようとする社会であることは無意味なことだろうか。効率では測れない何かがあること。それを尊重する社会であること。わたしはそれをとても大事なことだと思う。臓器移植を推進する社会は、他人への思いやりに意味を認める社会なのではないだろうか。

*

この設例は、わたしがある講義で出した試験問題の一部に手を加えたものだ。右の設例には、さまざまな論点が含まれているのだが、その詳細を語ることはやめておこう。

本章の中でこんなにも字数を費やしたのはあまりにも贅沢だったかもしれない。あえてそうしたのは、規範の問題・何が正しいのかという問題は、しばしば現実離れした概念論争に見えるのだが、じつは具体的で切実な求めに基づくものでありうるということを示したかったからだ。価値観がするどく対立する現実の問題を扱おうとするとき、まず重要なのは、切実な思いを抱いた人間同士の対立であることを知っておくことだと思う。

何が正しいのか。

人としてなしうるその最上の答えは、絶対の権威に訴えて自らの信奉する絶対を認めない「異教徒」を断罪することではあるまい。人の信じる「絶対」は、ほんとうに絶対ではないかもしれない。自分が信じる神は絶対であるとしても、自分が絶対でない以上、神の意志をつねに正しく読みとれるとは限らない。そして、自分が信じることに忠実であることが重要であるならば、他人の信じることが他人にとって重要であることも理解できるはずだ。

脳死状態と判定された者[6]が回復することを願うことも、臓器移植によって命が助かることを願うことも、どちらも「正しい」。しかし、この二つから生まれる求めには、相反する要素がある。だとすれば、目指すべきは、いかにして、一方を切り捨てることなく、両者を調和させるかである。

†「二つの死」という約束事

短期的に、脳死判定される患者の最善の利益を図ることだけを考えるなら、脳死判定は必要ない[7]。しかし、臓器移植を行なうためには、脳死状態の者は死者でなければならない。そうでないと、移植手術が殺人になってしまうからだ。

ならば、臓器移植にかかわる場合だけ死んでいることにすればよい。

これは、ある意味単純な発想だが、強い違和感が感じられるかもしれない。その理由の一つは、法律的な発想に馴染んでいないからだろう。生まれていない胎児を「生まれている」と扱うのも、きわめて不自然で、実感として受け入れがたいと最初は感じられるかもしれない。しかし、そう扱う理由を知れば多くの人は納得できるはずだ。たとえ実感とかけ離れていようと、処理として便利ならばそれでいいのである。

法律上は、本来的に不自然なことでも、メリットがあれば行なってよい。この考え方を受け入れても「二つの死」の扱いには疑問が残るだろう。「死んでいる者を、便宜上生きているとして扱うのはまぁいいとして、生きている者を便宜上死んでいると扱ってよいのだろうか」。

この疑問はまことにもっともである。法律は多数者の意思によって決まる。多数者が差別している少数者を「死んでいる」と扱って、ユダヤ人を虐殺したり、障害者を抹殺したりというようなことが起こりはしないだろうか。

そのような懸念に答えるためには、生きている者を死んでいるとして扱うような事実に反する扱いは例外的な処理であり、厳格な条件の下でのみ認められることを明らかにしておくべきだろう。少数者の迫害に使われないために最も重要な条件は、「死んでいるとみなす扱いが許されるのは、本人にとって利益がある場合だけである」というものだ。生まれていない胎児を生まれていると扱うのは、胎児が財産を相続できるようにするためである、というのと同じように。

では、「死んでいないのに死んでいる」と扱うことが、本人の利益になる場合があるのだろうか。

先に述べたように、短期的に見る限り、脳死状態の者は死んでいると扱われることによって何の利益も受けない。逆に不利益になることはありうる。誤診の可能性があるからだ。しかし、脳死状態になったときだけを考えるのは、視野が狭すぎる。いうまでもなく、本人が脳死状態になっているのは人生のごくごく短い一時期にしかすぎない。

臓器提供の意思表示を行なう場合、その時点では、本人が利益を受ける可能性がある。臓器提供が行なわれることは、臓器移植制度が成り立つ前提条件であり、自分がその意思表示を行なうことにより臓器移植制度を維持することによって、自分や家族が将来臓器移植を受けて生命が助かることがありうるからだ。また、そのような狭い意味での自己利益だけを考える必要もない。「他人の役に立ちたい」というのもまた人間の欲求の一つであり、それが実現できることは広い意味で本人の利益であると言っていいだろう。脳死臓器移植制度は、適切に設計・運用すればその手段を提供することができ、その意味で「博愛の制度化」になりうる。

ただし、本人の利益になりうるといっても、「死の危険」が伴う以上、他者が一方的にリスクを負わせることは許されない。原則として本人だけがなしうるとすべきだろう。

また、その意思の確認は慎重に行なう必要がある。その意味で、現在配付されているような「ドナーカード」は無効であると考えられる。少なくとも、脳死状態がどのような状態かを知り、誤診の危険があることを承知のうえでの「インフォームド」な意思表示であるべきだろう。

また、提供する意思のある臓器にチェックを入れる方式はあまりに杜撰《ずさん》だ。これでは、本人以外の者がチェックを入れても識別するのはきわめて困難である。少なくとも、すべて自筆であるべきだろう。いまのドナーカード（意思表示カード）は、あまりにも臓器を軽々しく扱っていないだろうか。同じ形式で遺贈を行なう「財産提供カード」を作成した場合、遺言としては間違いなく無効になる。

人の善意を活かすことは重要である。ドナーカードを書いた人のほとんどは善意で書いたのだろう。しかし、だからといって意思の確認が不要になるわけではない。善意が食い物にされないためには、本人を保護する仕組みを整えておく必要があるのだ。

†規範が事実から自由であるとしても

規範は事実に縛られない。事実に反することを約束事として取り決めておくことが可能である。これは人間が生み出した知恵の一つであろう。だが、事実から自由であることは、制約がないことを意味しない。規範は事実と抵触しないが、他の規範とは抵触する。生命の重要さや少数者への配慮といった重要な規範原理の制約を無視するなら、事実からの自由は恐るべき不正の手段になるだろう。(8)

脳死ならば必ず人の死だとする規範的決定は、脳死判定された者と奇跡を信じる家族の切実な思いを否定する。脳死であっても、本人の意思にかかわらず絶対に人の死ではないとする規範的決定は、博愛の志と移植を待つ患者の切実な願いを否定する。

両者の切実な思いに対する規範的な答えは明らかだろう。「二つの死」をはっきりと認めることだ。本人の意思に基づいて臓器移植を行なおうとする場合、脳死は人の死であり、本人の回復を真摯に信じて願う家族が脳死を人の死と思わないなら、脳死は人の死ではない。事実として、同じ状態の二人の一方が死んでいて一方が生きていることはありえない。だが、規範として、明確な基準を定めて「二つの死」を認めることは可能であり、それこそが脳死に関して異なる価値観をもつ者が共存していく一つの明確な処方箋なのだ。

註

(1)事実が客観的か、そもそも「客観」などというものは存在するのか、というようなことは、本書では問題にしない。そんなことは考えても仕方のないことだからだ。人間とは独立して客観的な世界が成立していることは証明できないかもしれない。だが、そう考えておくほうが、独在論のように自分以外は存在しないかもしれないと疑っているよりも実際的である。疑ったところで役に立たないことを疑ってみても意味がない。ただし、客観的な事実が存在することを前提するということと、それを人間が確実に知ることができると考えることは全く別である。これについては次の章で説明しよう。

(2)本章からは、具体的な問題を取り上げていくことにする。その際、まず念頭に置くのは日本である。そして、他の社会においても成り立つ普遍性をもつ原理を用いてその問題を分析・処理していくことにしよう。

(3)もちろん、胎児に権利を認めるという処理も可能だが、その場合、次に述べる「中絶」との整合性が問題になってしまうだろう。権利主体と認められるものを殺して良いのか？ これにYESと答えることももちろん可能なのだが、ある種の犠牲を払うことになるかもしれない。

(4)同じく「脳死」といっても、その判定基準はさまざまであり、脳死状態になった時刻も基準によってかなり違ってくる。とはいえ、本章の目的からすると、それについて論じるのはいささか的外れである。本書では、最も厳しい基準で判定された脳死についても妥当する議論をしているとだけ書いておくことにしよう。

(5)このほか、治療停止限界点としても役に立ちうる。これは、尊厳死の問題にもつながる。これらについては、別の機会に論じることにしたい。

(6)「脳死状態と判定された者」という少々回りくどい言い方をするのは、「脳死状態である」ということと、「脳死状態と判定された」ということは別だからだ。人間の判定がつねに正しいと前提するのは不合理である。「脳死状態と判定された者」の中には、一定の割合で「脳死状態でない者」が含まれていると考えるのが合理的だ。したがって、「脳死状態の人間は死んでいる」ということが異論の余地なく認められたとしても、脳死判定された人が死んでいるとは限らない。実際問題としては、脳死状態はつねに生死不明の状態なのである（とくに、患者の家族にとっては）。

（7）脳死判定は、治療ではない。判定を受けることは患者の利益にならないどころか、判定によって生命の危険にさらされることさえありうる。無呼吸テストでは、人工呼吸器を停止させて自発呼吸がないことを確認するので、それが原因で死ぬことがありうる。もちろんこのテストは、自発呼吸が回復することはありえない、すでに脳死状態であることが確実と思われる段階になってから実施すべきものだ。ただし、当然ながらその判断が間違っていないとは限らないのである。

（8）その例として「らい予防法」を挙げておきたい。らい、正しくはハンセン病は、伝染力が低く起居をともにしてもほとんど伝染しない。また、特効薬が存在し治療も困難ではない。それにもかかわらず、患者をしばしば人里離れた場所に作られた療養所に強制隔離したらい予防法が廃止されたのは、一九九六年。まだ一〇年も経っていないのだ。患者団体の度重なる要求にもかかわらず、らい予防法は、法律上患者の自由を奪い続けた。なお、一九九六年時点でも六〇〇〇人を超えていた患者のほとんどの者はずっと以前に完治していた。彼らは医学的には患者ではなかったが法律上は患者であり続けたのだ。らい予防法はハンセン病が不治の病であることを前提に作られており、退所の規定がなかったのである。

「ハンセン病回復者（元患者）」への差別はいまなお続いている。二〇〇三年九月、熊本県のあるホテルはハンセン病回復者の宿泊を拒否した。県が感染の恐れのないことを説明し、知事名文書で抗議してもなお態度を変えなかったのである。

第4章 事実とは何か——事実と社会システム

†事実は規範が決める

事実は規範によって決定される。

一般的には、事実というものは、人間には動かしがたい客観的なものとして考えられているようだ。辞書を引くと「本当にあった事柄」などと書かれている。そしてそれは「いちおう」間違いではないし、事実の核心として保持しておいたほうがいいだろう。第3章で述べたように、規範のように操作できないことは事実の重要な特徴だ。事実と規範は明確に区別すべきである。そして、何が事実かを決定するのは規範なのである。

「本当にあった」と確かに知ることのできる範囲は、非常に狭い。あなたが「本当にあった」と断言できることはどれくらいあるだろう。いちおう、直接に経験していることは確かだとしておこう。催眠術や錯覚の可能性はとりあえず置いておくことにする。だが、直接経験できる範囲など、たかが知れている。地球の裏側、などと遠くのことはいわないとしても、あなたはほんの数キロほど離れた場所で起こっていることさえ直接知ることはできない。

そして、「事実」は一瞬に過ぎ去る。

あなたがいま本書をぱたんと閉じてしまったら、一瞬前に見ていたものを正確に思い出せるだろうか。あなたが最後に読んだ文の最後の文字は、ページの最初の文字から数えて何文字目だっただろう。〝そんなことは、一瞬前にも知らなかった〟、あなたはそう言うかもしれない。それはそのとおりだろう。しかし、もし、あなたが一瞬前に見たことを正確に再現できるならば、いま数えてみればいいだけのことである。本を開いて現に見ていれば簡単なことのはずだ。だが、一瞬の後にはもうできなくなってしまう。

あなたはさまざまな感覚情報を受け取っていて、それを「事実」ということは可能なのだが、それは一瞬にして消え去ってしまうものなのである。後に残るのは〝直接に体験して知っていること〟の不完全なコピーにすぎない。そしてそれは時間とともに失われてしまう。

直接経験している範囲は、時間的・空間的に限られているというだけではない。

あなたは、女だろうか。男だろうか。ほとんどの人は、自分を女あるいは男だということを確かな事実であると考えていると思う。だが、オリンピックでセックスチェックが行なわれていることを聞いたことがあるはずだ。本人がそれまでずっと自分は女だと思っていたが、検査をしてみるとそうでないことがわかる（あるいはその逆）、ということが起こりうるのである。これは、あなたが女か男かということは、厳密にいうと「事実」ではなく、「事実」に基づく判断であるからだ。

あなたが確かなものとして経験し知っているのは、生殖器の外形で、ほとんどの場合、それに基づいて自分を女あるいは男として判断しているにすぎないのである。(1) あなたが女か男かということさえ「事実」ではないのだ。それは確かにほとんどの場合、間違いのない判断なのだが。

†事実への戦略

あなたは、一瞬の狭い範囲を経験できるだけだ。それだけが事実だとしたら、あなたの家族の存在ですら、目の前にいる場合以外は「事実」ではない。こんな狭い範囲だけが事実であり、他は「ウソ」であるとして否定するなら、まともな社会生活が送れないことは明らかだろう。そんな風に考える限り、行ったことのない場所に行くことは未知の世界を拓くことであり、昔の探検家のように地図を作りながら進んでいくしかない。

だから、あなたは自分が直接経験していないことを事実として受け入れざるをえない。

それでは、どのような受け入れ方がよいのだろうか。

① すべてを事実として受け入れる

これがあまり賢いやり方でないことはすぐにわかるだろう。電話やメールで、〝一日で八〇〇万円儲かります!〟というような類の勧誘を受けることがあったら、その内容をすべて信じて投資をするというのでは、破産をすることは目に見えている。

② すべてを自分で考えて判断する

〝何ごとも、無批判に受け入れることなく、自分で考えて納得した場合には事実であると考え、そうでない場合には、否定はしなくても疑わしいものと考える〟——これは、一見知的な態度のように見えるのではないかと思う。

ある意味できわめてまっとうな態度なのだが、問題は、やはりこれではやっていけないというところにある。

あなたは、地球が丸い、ということを証明できるだろうか。

地球は丸いか四角いかと聞かれたなら、たぶん、ほとんどの人が丸いと答えるのではないかと思う。ところが、なぜそれが正しいといえるのかと聞かれて説明できる人はあまり多くない。つまり、たいていの人は、地球が丸いということは、自分で考えて納得していないにもかかわらず、事実として受け入れているのだ。これは、知的でない態度だろうか。

一つの説明は、いまできなくても潜在的にできるなら「知的でない」とはいえないとするものだ。たしかに、〝先生がそう言っていたから〟〝本に書いてあったから〟〝宇宙からの写真を見たから〟ということだけで事実として受け入れてしまうというのは、知的な態度とはいえないかもしれない。だが、納得して受け入れる態度を放棄せず、問題になったときに考えて自分で判断するということなら、知的な態度といえるのではないだろうか。

たしかに、地球が丸いと考える根拠は、聞いてみれば納得できるものだ。

①南北に遠く離れた地点では、太陽の高さ（日光の入射角度）が異なる（地球が平面なら、高さは変わらない）。②遠くから近づいてくる船を観察していると、船のマストの先がまず見えて、徐々に下の部分が見えてくる（地球が平面なら、すべてが同時に見える）。③月食のとき、月に映る地球の影はつねに丸い。つねに丸い影を落とすのは球体だけだ。

これらは、その気になれば（時間はかかるものの）自分で確かめることも可能である。

直接に経験していないことをすべて疑っていてはわかる範囲が狭すぎる。他者から受け取った間接的な事実をすべて信じていては、誤りに惑わされる。かといって、すべての事実を一度に確かめることはできない。それならば、他者から得た情報は、とくに疑うべき理由がなければ〝とりあえず〟事実として受け止めておいて、必要に応じて一歩一歩自分で確かめていくのがいい——こうした態度は、遠い昔には知的な態度として通用したかもしれない。だが、現代ではそれすら通用しなくなってしまった。

たとえば、ニュートリノが存在するのが「事実」であるということをあなたは自分で確かめることができるだろうか。ニュートリノ検出装置を使用することを許されても、どう使っていいかわからないだろう。仮に説明を受けて使うことに成功したとしても、その結果の意味がわからないのではないだろうか。(2)

③ 事実を確定するシステムを作る

こういうと、なにやら新奇な提案のようだが、じつはわれわれがすでにやっていることである。どれほど自覚的かはもちろん別問題だが。事実の確定は、もはや一人の人間の手に負えない。そして、〝わからない〟として放り出していくわけにもいかない。だから、そのためのシステムを作るという社会的な対応をしているのだ。その法的に定められたシステムが大学などの研究機関と裁判制度であり、われわれは、それらのシステムによって処理された結果を事実として受け入れる。

大学（研究機関）と裁判所は、事実を確定するという同じ役割を果たしている。もちろんその役割の果たし方は同じではない。大学の中でも自然科学系と社会科学系、人文科学系ではそれぞれまた違う。

自然科学では、「事実を確定する」というより、「普遍的な事実・法則を発見する」といったほうがわかりやすいかもしれない。自然科学において「特定の具体的な事実」を確定することは重要なことではない。重要なのは、その事実が、発見された特定の場所・時間以外でも通用するということだ。

たとえば、「心筋こうそくなどの原因となる血栓を溶けやすくする化合物が、『スタキボトリス』というカビから生成されるのを、東京農工大農学部の蓮見惠司教授（生理活性生化学）の研究グループが発見した」ことを、二〇〇三年六月八日毎日新聞朝刊が報じている。この場合、〝血栓を溶けやすくする化合物が、「スタキボトリス」というカビから生成される〟という事実が、別の場所・時間でも同様に生じることが重要なのだ。

さて、この記事の内容は本当に事実なのだろうか。この事実は、あなたが直接体験したことでもなければ、自分で考えて納得したことでもない。

ここでこの「事実」を別の例と比較してみよう。「青森県在住の主婦・山田トメさん（九三歳）が、ダイコンをたくさん食べていればガンにならないと地元紙の長寿者インタビューの中で語った」としたらどうだろう。事実に関する言明であるという点で、両者は同じである。

おそらく、ほとんどの人は前者を事実として受け入れ、後者を受け入れないと思われる。自分が直接体験したことでもなければ、自分で考えて納得したことでもない、という点ではどちらも同じなのに、この差が生じるのはなぜだろうか。また、それでよいのだろうか。

もし前者のみを信じる理由が〝大学教授が発表したことだから〟というだけなら、それは単なる権威主義である。エライ（ことになっている）人のいうことは信じるが、主婦のいうことは信じないというのでは、知的な態度とはいいがたい。

前者のほうを確かな事実であるとして受け入れることが合理的だと考えられる理由は、前者の確かさがシステム的に保障されているということにある。すわなち、①大学の研究者は、専門家として事実を見極める訓練を受けている。②研究成果は、他の専門家によって批判的に検討され、誤っている場合には否定されるのである。[3] このように、自律的な研究者集団を維持しておくことは、より確かな事実を手に入れるための合理的な戦略なのだ。

宇宙はどのように誕生したか。ブラックホールは存在するか。このような問いの答えになる事実は、それ自体として価値のあるものではない。薬の効果のように、実利に結びつく事実もあるが、それさえ極端にいえば知らなくてもいいことである。現にいままで知らなくてやってきているのだから。

しかし、放置できない事実もある。殺人や放火、借金の踏み倒し、などが好き放題にできるのならば、社会を維持していくことが不可能になってしまうだろう。そういった社会秩序にかかわる重要な事実は、裁判所が扱う。裁判システムは、事実を規範的に決定するシステムなのである。

このことは、あまり理解されていないようだ。ひょっとしたら、裁判の重要なプレーヤーである弁護士でさえ、自分の役割をよくわかっていないかもしれないと感じるときがある。

二一世紀の最初の年、小学校で多数の児童が殺傷される事件が起こった。当然ながら「犯人」には、強烈な怒りが向けられた。そして、その怒りは「犯人」を弁護する弁護士にも向けられることになった。裁判所で、次のようなエピソードがあったことを偶然テレビで知った。

被告人の弁護士に、遺族が詰め寄った。〝あんなヤツに弁護する価値があるのか〟。これに対し、弁護士は、〝弁護士の気持ちがおわかりですか？〟と応じた。すると、遺族はこういった。〝あなたに遺族の気持ちがわかるのか〟。そして、弁護士はことばを失った。

弁護士自身が、弁護士の役割について十分にわかっていなかったのだろうか。それとも、遺族の心情を思って、あえて言い負かすのを避けたのだろうか。いずれにせよ、遺族も、このエピソードを伝えたマスコミも、裁判の中での弁護士の役割についてよくわかっていなかったことは確かなようだ。

†凶悪事件の被告に弁護士がつく理由

凶悪事件が起こるたびにしばしば弁護士の存在に疑問が投げかけられる。〝どうしてあんなヤツに弁護士をつける必要があるのか〟〝あんなヤツを弁護するなんて人間性を疑う。悪徳弁護士に違いない〟。

凶悪犯罪事件の被告人に弁護士がつくのはなぜか。

たぶん、もっともありきたりで、みんなが耳にしたことのある答えは、〝凶悪犯罪者にも人権があるから〟という類のものだろう。それくらいならワイドショーでも口にされることがある。しかしこれはピントはずれな答えである。被告人＝凶悪犯罪者ではないからだ。彼は無実かもしれない。

さらに重要なことには、仮に被告人に人権を一切認めないとしても、弁護士をつけることは意味がある。犯罪者を処罰するために弁護士をつけることが必要なのだ、と言ってもいい。

何か犯罪が行なわれたとしよう。〝ともかく誰か犯人を決めて処罰すること〟だけが重要なのだろうか。それなら、近くにいる人を集めてくじを引かせ、当たった者を犯人として処罰すればいい。これだとじつに手っ取り早い。問題は、それが実際に犯罪を行なった人とは限らないことだ。そうではなく、実際に犯罪を行なった者を処罰しようとするなら、事実を明らかにするための工夫が必要になってくる。

まず、犯罪を捜査する専門機関が必要だ。現状では、警察がその役割を果たしている。これが第一段階。

しかし、国家機関のすることはつねに正しいのだろうか。そういえば、この国の人は数十年ほど前、国家を信じてひどい目にあったのではなかったか。まあ、歴史から学ぶべき最も明らかな教訓は、人は歴史から学ばないということだっていう話もあるのだが。

仮に国家が悪とは無縁の存在であるとしても、国家が間違いをしでかさないということにはならない。自動車は悪だろうか。そうではないとしても、交通事故が起こらないということにはならない。国家は少なくとも神（＝善と正義の体現者）ではない。人間が作り出した道具だという点では自動車と同じことだ。合理的な対応は、社会に危険をもたらすものとしてリスク管理をすることだろう。

†「遠山の金さん」では困る理由

それで、国家機関の間違いを少なくする工夫が必要になる。捜査機関とは別に裁判所を作ることも工夫の一つと言っていい。「遠山の金さん」ではだめなのだ。

「遠山の金さん」といっても若い人にはもう通じないかもしれない。かつての人気時代劇だ。若いころ無頼で入れ墨をしている奉行・遠山金四郎が、自ら潜入捜査を行ない、犯罪事実を調査・目撃したうえで、悪人の前で桜吹雪の入れ墨を見せる。そして、お白州（裁判所）で「覚えがない」とシラを切る悪人に、テメエらの悪事はこの桜吹雪がしっかと見届けたんだ、と大見得を切る。悪人、恐れ入って一件落着（しかし、悪人が入れ墨をよく憶えてなくて／見てなくて、ポカンとした顔をしたらどうするんだろう、とは要らぬ心配だが）。

このような裁判の最大の問題は、裁判の正しさが遠山金四郎という一個人に完全に依存してしまうことにある。「オレが見たから間違いない」。でも、そのオレが神でなく人間なら、必ずしも善良だとは限らないし、善良でも間違いは避けられない。「見たんだから仕方がない」という人間が一人いれば、霊界が存在するということにはならないだろう。

民主主義というのは、そういう特定個人に頼ることをやめ、権力の暴走を食い止める仕組みを工夫して問題を処理していく制度なのだ。

警察に逮捕された被疑者は、警察が犯人だと疑っている人間であって、犯罪者かどうかはまだわからない。被疑者が実際に犯罪を犯したのかどうかは、警察の一方的な思いこみではなく、証拠によって決定する。神ならぬ人間が事実を確定するために証拠以外に何に頼れるというのだろう。刑事裁判はそのために行なわれる。

捜査機関の主張を鵜呑みにせず、第三者としての裁判所が判断をすることは、信頼性確保の重要な手段である。だが、裁判所も国家機関だ。けっきょく同じ穴のムジナということになりはしないか?

†弁護士の役割

そういう危険に対する一つの答えが、被告人に弁護人をつけることなのだ。

刑事裁判は、被告人が有罪であることを前提とした見せしめの儀式ではない(4)。被告人が犯罪を犯したかどうかは裁判の中で確定される。検察官は、有罪であるとの立場から立証を試み、弁護人は、無罪であるとの立場から[5]反証を試みる。つまり、弁護人は被告人の無罪を前提として、そのために最善を尽くすことによって事実を見いだすことに貢献するのだ。

反対尋問というものをご存じだろうか。これは、証言を行なった証人に相手方が質問をするもので、証言の信頼性を確保するために不可欠のものである。証人が確かであると証言したとしても、それがほんとうに確かかどうかは別問題だからだ。

死刑判決に対する最初の再審事件である財田川事件に、その模範的な例がある。[6] この裁判の中では、「古畑鑑定」という血液鑑定が一つの焦点になった。血液学の権威である古畑東京大学教授が鑑定したことが有罪の有力な証拠とされたのである。はたして、古畑鑑定は正しかったのか。

検察側証人の医師たちは、古畑教授の鑑定に間違いがあるはずがないことをこぞって証言したのだが、弁護人の反対尋問によって、じつは古畑教授が鑑定したのではないと明らかになった。事実は、当時大学院生だった証人の一人が「見よう見まねで」行なったということだったのだ。検察側の証人の一人(地方大学出身)は、〝東大というのはそういうところがあるんだ〟と憤激して批判を始め、検察側証言の信頼性を検察側証人が覆すことになった。こうしたことは、エライ先生だから確かですといったような証言を言いっぱなしにしておいては明らかにならなかったことなのである。

自然科学の研究でも同じようなことがある。ある研究者が〝常温で核融合が行なわれた〟と報告すれば、それが事実だということになるわけではない。他の研究者が、それぞれの立場で追試・反証を試み、その結果間違いないということになってはじめて事実であるということになる。

その際、追試・反証を試みる者は、別に報告した研究者に悪意をもっているわけではないだろう。独自の立場で厳格に追試・反証をすることによって事実の確定に貢献しているのである。その際、実験器具や試料に人権があるかどうかが全く問題にならないことはいうまでもない。被疑者・被告人に人権があるかどうかは全くかかわりなく、事実をきちんと確認したいならば、反証を試みることが必要なのだ。

被疑者・被告人が実際に犯罪を犯したのかどうかは、証拠を吟味して確定しなければならない。現行犯やそれに近い場合は犯人と考えてよいだろうか？　では、本当に現行犯かどうかはどうやって確定するんだろう。警察が現行犯といえば現行犯？　それでは、国家機関を神のような無謬《むびゅう》の存在として扱うことになる。現行犯かどうかも、証拠に基づいて裁判で確定するほかないのだ[7]。

こういう観点こそワイドショーをはじめとするマスコミに決定的に欠けているもので

ある。(8) 大義名分のもとに被疑者をいたぶって楽しむためには仕方のないところなのだろうか。それにしても、ちょっとフシギである。疑いをかけている者が無実かもしれないことに恐れは感じないのだろうか。無実の人間をおとしめたことに痛みは感じないのだろうか。

そういうことが起こったのは遠い昔のことではない。一九九四年の松本サリン事件では、第一発見者の会社員・河野義行氏が疑われ、憶測と捏造で記事が書き立てられた。『週刊現代』(一九九四年七月一六日号)は、「住民を恐怖の底に叩き込んだ松本毒ガス男の正体」とプライバシーを歪んだかたちで暴き、『週刊新潮』(一九九四年七月一四日号)は、「『毒ガス事件』発生源の『怪奇家系図』」と氏の先祖までもおとしめた。

†無罪の推定

世界人権宣言は、次のように定める。

第一一条一　犯罪の訴追を受けた者は、すべて、自己の弁護に必要なすべての保障を与えられた公開の裁判において法律に従つて有罪の立証があるまでは、無罪と推定される権利を有する。

なぜ無罪と推定するのだろう。無実の者を処罰するという不正を避けたいならそれ以外に方法がないからだ。あなたの家の近くのコンビニで何か事件が起こったとしよう。その犯人があなたでないと証明できますか？

オマエがやっていないなら、他に誰がやったっていうんだ。

これは、警察が被疑者の取り調べで口にするセリフだ。しかし、松本サリン事件で疑われた河野義行氏は新聞や雑誌のインタビューでこう言っている。

やっていない者は、やってないと言うしかないんです。

疑われた無実の者に超能力が備わるわけではない。誰がやったかなどわかるはずがない。無実の者にはっきりとわかるのは自分がやったのではないということだけだ。

やったことに証拠は残るが、やらなかったことから証拠は生まれない。存在しないものは見せられない。アリバイは現場不在証明と訳されるが、語源からいうと「他にいた」ことの証明である。居た場所に痕跡は残る。証人もいるかもしれない。だが、ある場所にいなかったことで、その場所に何か証拠となるような痕跡ができるはずがない。

なお「無罪の推定」は、世界人権宣言の中で定められているが、被疑者・被告人の人権とは無関係になりたちうる原理である。人権があろうとなかろうと、無実の人間を処罰することは正義に反する。このことは次の例を考えればはっきりするだろう。犬に人権はない。では、人を噛んでいない犬を、人を傷つけたという理由で薬殺するのは正しいことだろうか。犬に人権があるかないかによって、この問題の答えが変わるだろうか。

このように、被告人に弁護士をつけることは、正しく事実を見いだすために必要なのである。

以上のように、大学（研究機関）も裁判所も、一定の基準に従って事実を確定する社会的なシステムである。そのシステムが機能することにより、われわれは、自分が直接経験していないこと、そして自分で判断することもできないことも事実として合理的に受け入れることができる。

裁判の結果を事実として受け入れることは、法律という明示的な約束事によって決まっている。大学の研究成果を事実として受け入れることも社会的な約束事だということができるだろう。そして、各システムの内部で事実を認定するやり方も、内部的な約束事によって定まっているといえる。事実とは、つまり約束事なのである。

註

(1)あなたが女で、出産の経験があるならば、あなたが女性であるという判断が覆ることはほとんどないだろう。男の場合は、子どもがいても自分の子どもでないという可能性を完全に排除はできないわけだが。ただし、その場合でも、自分が女であるという判断は、とっくの昔にすませていただろうから、確かな事実と思っていたことが、じつは厳密には事実ではなく判断であるという例としてはこれでよいかと思う。また、出産をしたこと自体を疑うこともいちおう可能である。催眠術で偽りの記憶を植え付けられた、というようなあまり現実性のない可能性になってしまうだろうが。

それでも不満の方には、ややインパクトが劣るものの、「自分が日本人である」ということも、事実ではなく判断の問題であるということを考えてもらえばよいだろう。人種・民族の問題として考えるなら、あなたの両親・祖父母やその先祖の中に外国人がいたという可能性がある。国籍の問題として考えるなら、まさしくそれは法律に基づく判断である。

(2)じつは、ニュートリノは、まだしも簡単な例である。これが量子力学の観測者問題になると、どう難しいかを説明することさえ短い字数では不可能になってしまう。わたし自身、自分が正しく理解できている自信がない。

(3)もちろん、誤った仮説が事実として受け入れられる場合はありうる。人間のすることとして、完璧は期しがたい。また、人間が手に入れられる最上の確かさを実現できているともいえないだろう。大学システムには改善の余地がある。それでも、訓練を受けていない素人の、検証されていない証言より確かだと考えることは十分に合理的である。

また、より正確には、大学の組織そのものが、直接に事実の確かさを保障するシステムなのではない。先の例で、蓮見教授の研究成果を批判的に検討する能力をもつものは、東京農工大にはいないかもしれない。その役割を果たしうるのはむしろ教授の所属する学会だろう。それでも、大学は研究者集団の活動拠点として実際上不可欠である。

(4)有罪率が九九パーセントを超える日本の刑事裁判は、しばしば有罪確認の儀式と批判されるのだが。

(5)これは、被告人が無罪を主張する場合だ。被告人が罪を認めている場合は、適正な量刑(どのくらいの処罰をするか)について主張を戦わせることになる。

(6)このエピソードは、佐久間哲夫『恐るべき証人——東大法医学教室の事件簿』(悠飛社、一九九一年)で読むことができる。

(7)念のために申し添えておくと、わたしは警察を信頼するなといっているのではない。単に盲信するのが不合理であると指摘しているにすぎない。わたしは、日本の警察はある程度信頼できると思っているが、その理由の一つは弁護士がチェック機能を果たしていることだ。

(8)ワイドショーには弁護士が出演していることが多いのだが、弁護人の役割についてまともな説明をしないのはなぜだろう。当事者主義について教科書どおりの説明はできても、具体的な問題に即して言い換えることはできない、っていうのは皮肉すぎる見方か。ワイドショーの前提を崩すような説明はしたくてもできない、ということもあるかもしれない。また、あえてしてもカットされるかもしれない。

第5章　科学は正義を決められるか

†一昨日お会いしましょう

一般教育の思想史の講義を終えた後に、一人の学生が教官の元にやってきてこう尋ねた。「時間と空間が同じものであることは、物理学で証明されているのに、先生はなぜそれぞれを別のものとして扱うのですか」。

この話をある教授から聞いたとき、わたしは少し残念に思った。わたしが同じ質問を受けたとしたら、こう答えたかもしれない。「いま少し急いでいるんですよ。別の機会に、そうですね、研究室へ一昨日に来てください」。

「一昨日に来てください」は、すなわち「おととい来やがれ」なのだが、この場合は罵って追い返そうというのではない。この文字どおりの意味を考えさせることが、彼の質問の適切な答えになるのだ。

一昨日に来ることは不可能だ。時間は一方向に流れていて、後戻りすることはできない。それに対し、空間には絶対的な方向性がなく、二点を往復することができる。

物理学では時間と空間が不可分のものであるというのはそのとおりだろうけれど、時間と空間が同じと考えるのは、たぶん物理学でも間違っている。そして、もし仮に物理学が何らかの場合に時間と空間を同一に扱うことがあるとしても、人文・社会科学で同一に扱うことはありえないだろう。扱う対象と目的によって、用いる概念が変わってくるのはあたりまえのことだ。

そして、第3章で説明したように、規範と事実は性質が全く異なるものなので、同じ方法で取り扱うことはできない。このことをきちんと弁《わきま》えておかないと、珍妙な議論を繰り広げることになる。

†理科バカとは何か

理科系研究者と文科系研究者が混在している教育系の学会に行ったとき、「理科バカ」ということばを聞いた。役者バカとか空手バカとかいうことばの類で、ある種の敬意と諦めを込めて使われるらしい。

理科バカの一つの典型は、現実を見ずに数値化されたデータだけを見て理論モデルを作り、それを磨き上げるのに余念がないというものだ。数値データとその数式化にしか興味がないのだ。だから、理科バカが作った理論モデルやそれに従って作られたツールは、ひどく使い勝手が悪く、現場で採用されることはない。だが、現場の声を聞いて理論モデルやツールを改良するという考え方を理科バカはしない。彼らの美しい理論モデルを、バカな文系教員の不満を解消するために歪めるなんてとんでもない！　だいたい、現場で採用されないことは別に気にならない。そもそも現場に興味がないからだ。

†理科バカが文科系をバカにする理由

理科バカが、文科系をバカにすることに理由がないわけではない。まず、両分野がもたらした結果を見よ。近代以降、自然科学は長足の進歩を遂げ、世界を変えていった。それに引き替え、人文・社会科学は何ほどの成果を上げただろうか。正義の問題を論じるに当たって、二千数百年昔、古代ギリシャの哲学者の議論を参照することは、人文・社会科学の分野ではごく普通のことである。だが、自然科学の分野で二〇〇〇年前の論文が、問題を論じるうえで意味をもつことはありえないだろう。

どのような結果になるかは、さまざまな偶然の要素が働く、ということもたいした言い訳にはならない。学としての厳密性という点でも、人文・社会科学は自然科学に大きく劣っている。質量、時間、長さといった概念に対して、権利、効用、愛などという概念は、あまりにも曖昧である。そもそもCGS単位系（長さ、質量、時間を、センチ、グラム、秒で表す単位系）に対応するような基本的単位さえ、人文・社会科学には存在しない。数式のような、基本概念の関係を明確に記述する言語ももっていない。

立証も反証もできないタワゴトをぐだぐだ言っているだけ。

そんな風に思われても仕方のない面は確かにある。もちろん、これは必ずしも人文・社会科学の責任ではない。社会現象や人間という、対象のもつ規模の大きさと複雑さや記述の難しさからどうしてもそうなってしまうからだ。それらは、どんなに頭のいい人が取り組んでも、明晰に記述することはできないのだ。明晰にするためには単純化・抽象化する必要があるのだが、社会現象や人間を曖昧さが全くなくなるまでに単純化すると、対象をとらえそこなってしまうのである。

曖昧なものは考察の対象としない、というのは一つの割り切りなのだが、いかに曖昧であろうと人間にとって「正しさ」というものが意味をもつ限り、それを対象として系統的に考察をする精神活動には、取り組むだけの価値があるはずだ。そして、曖昧だからといっていい加減にすることなく、曖昧なものを曖昧なままにその核心を見据えて問題を解明するためには、それなりにスキルが必要なのだ。

†脳科学が文学・哲学を吸収する？

従来、「正義」のように曖昧なものは自然科学の対象と考えられなかった。だが、そうは考えない人もいる。

ノーベル賞を受賞した高名な分子生物学者が、文学とか哲学が脳科学に吸収されてしまうという旨のことを語っている。わたしは、これを非常に見識のない主張だと思う。[1] そして、彼に理解できるかたちでこれまで彼の誤りを指摘できる文学・哲学の専門家がいなかったことを残念に思う。

もちろん、先のことはわからない。そして、近代以降科学が急激に進歩し、以前では夢にも見ることができなかったようなさまざまなことを成し遂げてきたのも事実だ。だから、「文学とか哲学が脳科学に吸収されてしまうことなど絶対にありえない」と断言するのは、いささか無謀だと思われるかもしれない。しかし、少なくとも次の三点は指摘できると思う。

第一に、脳科学が現在までのところ、実用的に意味のある成果を上げていないこと。たとえば、脳科学の発達でわかったこととして、「臨界期」という現象を挙げている。たとえば、言語の習得の場合、一定年齢をすぎると周囲で話されていることばにない子音・母音を識別・発音できなくなる。この限界の時期を「臨界期」というのだそうだ。

しかし、これは脳科学以前から経験的に知られていたことである。子どものころに外国で暮らしていれば、外国人同様に言語が操れるが、大人になってから外国で暮らしても、完全には身につかない。だから、外国語学習は早いほうがいい、というのはきわめて平凡な言いぐさに聞こえる。

そして、〝大人になってからの外国語マスターは脳科学的に不可能〟と断言することが仮にできたとして何か役に立つだろうか。むしろ学習意欲をそぐという悪い結果を導く可能性さえあるだろう。努力しない言い訳には便利かもしれないが。

もちろん、現時点で役に立たないことは、将来的に役に立つ可能性を否定するものではない。言語習得にかかわる脳のメカニズムがさらに解明されることにより、臨界期を遅らせることができるようになる可能性は確かにあるだろう。ここで重要なのはむしろ次の点だ。脳科学が文学や哲学を無意味にしてしまうようなことをうかがわせるような証拠は示されておらず、その主張には科学的な根拠がない。「正義」の問題を脳科学で解明することは、現時点でなされていないというだけでなく、その見通しもたっていない。

†音楽は物理現象か

第二に、対象が記述可能だということと対象を理解したということは別であること。音楽は物理現象だろうか。音は物質の振動であり、物質の振動は物理現象である。音楽は音の組み合わせで構成されているから、個々の演奏を物理現象として記述することは可能だろう。

また、さらに進んで記述された結果を見て特徴を分析・分類し、モーツァルトのデータを他の音楽家のデータから区別できるようになったとしよう。それでモーツァルトの音楽を理解したことにはなるだろうか。

音感に乏しく、音楽を聴いても何の感興も覚えない者でも、音楽データの分析法を習得してモーツァルトの音楽を識別できる科学者にはなれるかもしれない。しかし、それでモーツァルトの音楽を理解したとはいえない。難しい分析はできず、それどころかモーツァルトとハイドンの区別さえできなくても、音楽を聴くのが好きで、ときにパパゲーノのアリアを口ずさんでしまうような素人のほうがよほどモーツァルトをわかっているといえるだろう。モーツァルトを一度も聴いたことがなくても、物理データの分析はできる。だがそういう状態を、モーツァルトを理解したとわれわれは呼ばないのである。

「正義」は、音楽よりもさらに抽象的で、物理現象として記述することさえ不可能だろう。ただし、人間があることを「正しい」と感じているときの脳の生化学的な状態を記述することはできるようになるかもしれない。しかし、そうなったところで「正義」を理解したことにはならないのである。

たとえば、ある人が死刑制度に賛成し、その根拠として犯罪抑止力を挙げているとしよう。死刑賛成の判断をしている脳の状態を正確に化学式などで記述できたとして、その判断が「正しい」かどうかを考えるうえでは何の役にも立たない。化学式をどれだけ入念に検討したところで、死刑に犯罪抑止力があるかどうかが判断できるはずもない。

†文法と文豪

第三に、機能の理解と意味の理解・創造は違うこと。

脳の状態の記述を超えて、脳の機能を理解できるようになったとしても、事態は変わらない。「正義」について人間が考えているときの脳の状態を記述し、その際に使われる脳の機能を明らかにすることが脳科学によって仮に可能になったとしても、「正義」の問題は解決されない。

〝「正義」について人間が考えているときの脳〟は、人工知能ソフトが動いているコンピュータに類比できるだろう。コンピュータは人間が考案して設計したものであり、その機能は完全に知られている。これは、脳科学が発達して人間の脳の機能が完全に解明された状態に相当するはずだ。

しかし、コンピュータの物理状態を完璧に記述しても、その人工知能がどのような推論を行なっているかを理解できるわけではない。コンピュータのメモリやCPUの電圧の測定結果をもとに、ソフトウェアのアルゴリズム（推論の仕方）[2]を明らかにすることはおそらく不可能だろう。それは、音の波形グラフをもとにオーケストラの総譜を書き起こす以上に難しい作業になるはずだ。

では、もしそれが可能になったら「正義」の問題は解決できるのだろうか。

残念ながら違う。まず、あるコンピュータを物理的に解析することから、そのコンピュータで動いているソフトウェアのアルゴリズムを明らかにすることができたということは、せいぜい、一人の人間の考え方を明らかにすることができたということにすぎない。「正義」の問題は、一人の人間がいまどう考えているかを明らかにするということで解決されるものではない。それは出発点とさえいえない。出発点は、その問題の処理を巡って対立する考え方を明らかにすることだろう。もしすべての者が同じように正しいと考えているのなら、「正義」の問題は発生しない。すべての人間が死刑を正義にかなうと考えるなら、死刑廃止が問題として現れることはない。

「正義」の問題を処理しようとするときは、対立する考え方と真摯に向き合い、双方を可能な限り調和させ、それが不可能な場合には一方を優先する。その場合でも、否定される側に配慮して優先する側を修正する、といったプロセスが必要である。このような処理のための原理は、一人の人間の死刑に関する考え方から導き出すことは不可能だ。

コンピュータの機能を理解してコンピュータの物理状態を記述しても、そのコンピュータで動いているソフトウェアを理解したことにはならないし、ましてやいいソフトウェアを書けるようになるわけでもない。ハードウェアの技術と、ソフトウェア技術とは全く別ものなのだ。同様に、脳の機能を理解して脳の状態を記述しても、正義の問題を理解したことにならず、正義の原理を創ることができるようになるわけでもない。脳科学と哲学は全く別ものなのである。

脳科学の現状は、ネズミの脳の一部を機能しないようにして、どういう不具合が起こるかを観察することによって脳の機能を探っている段階である。これは、コンピュータの配線を切って起こる障害から、コンピュータの機能を探っているようなものだろう。しかもパソコン（人間）は実験に使えないので、ファミコン（ネズミ）を使って。

脳科学は現状において、正義の問題を解決するうえで全く役に立たないし参考にもならない。では、脳科学が長足の進歩を遂げ、正義の理論を無用にする日がくることはありえないだろうか。

ありそうにないといって差し支えあるまい。脳の機能を解明することは、言語にたとえれば、せいぜい文法を解明することにすぎない。文法を知らなくても文章が書けるように、脳の機能を知らなくても脳を機能させて考えることはできる。そして、文法をよく理解することが名文を書くことに全く役に立たないのと同じように、脳の機能を理解することは、脳をよりよく機能させることに役に立たないだろう。脳科学が哲学を無用にすると考えるのは、文法を理解すれば誰でもシェイクスピアになれると考えるようなものだ。

とはいえ、脳科学が革命的な進歩を遂げ、正義の理論を無用にするような成果をあげる日が来るはずがないと断言するつもりはない。もし来るとしたら、それは脳科学が現在の姿からは想像もつかないほどの変貌を遂げてからであろうが。そして、その日が来るかどうかは全く問題ではない。その日が来ようと来まいと、いまがその日でない以上、脳科学に頼って正義の理論を放棄するわけにはいかないことを確認しておけば十分だ。

†単機脳

あなたは、自分が何曜日に生まれたか知っているだろうか。わたしは知っている。別にそれを知りたくて調べたわけではない。学生時代、家庭教師先で自閉症児に会った。わたしが教えていた生徒の兄だった。彼は、わたしの生年月日を尋ねて答えを知ると、即座に「火曜日」と言ったのである。後で確認したところ、そのとおりだった。

自閉症は、精神発達障害とされ、一般的には健常者より能力が劣っているとみなされがちである。しかし、特定の分野に関しては、健常者を遥かに超えた能力を発揮する場合があるとそのとき知った。これは、能力をある一点に集中したことへの報いなのだろうか。理由はともかく、自閉症の者は、単機能的天才でありうる。

理科バカの重要な特徴が、「欠落」の存在である。専門分野について、相当な能力を発揮しているにもかかわらず、ある種のことには全く無感覚・無頓着なのだ。円満な発達を犠牲にして、特定の能力を突出させるという選択は、大きな効果を発揮する場合があるのかもしれない。

『華氏911』のマイケル・ムーア監督に対し、CNNの記者が「あなたがよく批判する、名声におごった有名人にあなた自身がなったりしませんか？　有名になったせいで、よく知らないことについても発言したり、してませんか？」という質問をぶつけている記事を見かけた。専門家は、専門以外のことについては、必ずしも素人以上の見識をもっているわけではない。それにもかかわらず、専門以外のことについてまでしたり顔で発言する場合があることは、洋の東西を問わないようだ。

ただし、これは周囲の責任でもある。専門家に専門以外のことを聞くことは愚かであることを弁えておくべきなのだ。それが守られないのは、円満な発達への無意識の期待があるからかもしれない。ある分野で優れているということは、他の分野でも優れていると期待してしまうのだ、「単機能的天才」の可能性を見過ごして。

あることにのみ秀でている才能はその分野でのみ生かすようにすることが合理的である。そのことさえ注意していれば、他の分野で愚かであってもかまわない。理科バカでいいのだ。

念のためにいっておくと、わたしは理科系をバカにしているのではない。どの分野にも専門バカはいるが、理科系に特徴的な専門バカのあり方があるように感じられるということを指摘しているにすぎない。だから、もちろん文科バカというのもありうるはずなのだ。ところが、文科バカということばは存在しないようだ。たぶん文科系の場合は頭に「文科」をつける意味がないのだろう。バカに関していうなら、「理科とハサミは使いよう、文科につける薬はない」。

註

(1)利根川進『わたしの脳科学講義』(岩波新書、二〇〇一年)に収められた対談の中で、その趣旨のことが語られている。ひょっとしたら、利根川氏は、わたしには計り知れない何らかの意図をもってそのような主張をしたのかもしれない。とはいえ、本章の目的は氏を批判することではなく、事実的アプローチで規範の問題を解決できないことを説明することだから、ここでは文字どおりに受け取って話を進めることにする。わたしが扱うのは、利根川氏の真意ではなく、利根川氏の主張だけである。

(2)アルゴリズムを「推論の仕方」と説明するのは正確ではないが、ここではその程度に受け取っておいてもらって実用上差し支えない。

第6章　他人に迷惑をかけてはいけないか

†人をひき殺して責任を問われない社会？

他人に迷惑をかけてはいけない、とはよくいわれるせりふだ。だが、そんなことがはたして可能なのだろうか。他人をひき殺しても原則として責任を問われないこの社会で。

たとえば、自動車を運転することは、人に迷惑をかけることにならないだろうか。暴走族のような改造をしていなくても、運転をすれば騒音が発生する。騒音公害ということばを聞いたことがない人はいないだろう。自動車の騒音は、ときに道路周辺住民の生活を脅かす。

騒音だけではない。自動車を運転すれば、必ず排気ガスが大気に放出される。(1) 窒素酸化物、一酸化炭素、ベンゼン。これらは人体に有害であり、中でもベンゼンは強い発ガン性がある。あなたが運転をすることで誰かがガンになるかもしれない。

そういう結果は目に見えにくいものだが、はっきり目に見える結果もある。交通事故だ。車を運転すれば、交通事故を起こす危険がある。自分だけは大丈夫、とは陥りがちな錯覚だが、本当はそうでないことは誰でも知っているはずだ。気をつけていれば大丈夫？　いや、気をつけていても事故が起こるときはある。そして、一瞬も気を抜かずにいることは人間にはできない。注意がそれる瞬間は誰にも訪れる。ある程度運転歴があって、ヒヤッとしたことのない人がいるだろうか。

そしてあなたは原則として交通事故の結果に責任を負うことはない。これはややレトリックに偏った言い方なのだが、必ずしもウソではない。民法七〇九条は「故意又ハ過失ニ因リテ他人ノ権利ヲ侵害シタル者ハ之ニ因リテ生シタル損害ヲ賠償スル責ニ任ス」と定める。

このように、責任は条件つきでしか問われない。本章では民事責任を取り上げるが、じつは刑事責任でもこの点では同じである。[2]交通事故を起こした責任をあなたが問われるのは、「過失」があった場合だけなのだ。普通に注意している限り、原則として責任は問われない。しかも、その過失があったことは、被害者や検察官が証明しなければならない。実際には過失があったとしても、相手が証明できなければやはり責任を問われることはないのである。

†激動の「近代」と過失責任の原則

過失があった場合にのみ責任を負うという過失責任原則は、近代市民法の三大原理(3)の一つである。これは社会のあり方の大きな転換を示すものだった。中世のよくいえば安定した、悪くいえば停滞した社会は、近世を経て近代にいたり、人類は激動の時代を迎える。過失責任原則はその激動の時代を支えるものだった。

過失責任原則の対義語は無過失責任原則(厳格責任原則)である。こちらは、安定した社会にふさわしいルールだ。この原則によれば、過失のあるなしにかかわらず、相手に損害を与えた者は必ず賠償しなければならない。当然ながら、被害者救済という観点からはこちらのほうが優れている。被害を受ければ、加害者に必ず弁償する責任が生じるのだ。もちろん、加害者に財産が全くなければどうしようもないが、それはどちらの原則をとっていても同じことだ。

相手の過失を証明する必要がないことも被害者にとってはありがたいことである。考えてみれば不思議なことではないか。そもそも被害者はすでにひどい目に遭っているのにどうして、加害者の過失を立証するという負担を負わなければ被害の回復を受けられないのだろう。加害者の事情など、被害者にはわからない場合がほとんどなのに。

無過失責任原則は、起きてしまった被害の回復に役立つというだけではない。被害を未然に防ぐ効果も期待できる。相手に損害を与えれば必ず賠償しなければならないルールと、一定の条件を満たした場合にだけ賠償すればよいルールとで、行為者に慎重な行動をさせるのがどちらかはいうまでもないだろう。

つまり、現行の過失責任原則は、加害者優遇ルールなのである。

被害者に負担を負わせて加害者を優遇するというのは、改めて考えてみると、たいへん乱暴なことのように感じられるのではないかと思う。そういう「無茶」がまかり通ったのは、きれいなことばで言うなら、時代の要請だろう。(4) 近代は激動の時代であり、変化を妨げないルールを時代が求めたのである。

厳格責任原則は、アクティブに行動しようとする者を抑制する効果をもつ。どんなに思慮深く注意深く行動しても、予測できない事情によって失敗することはある。そして、新しいことに挑戦するということは、失敗を繰り返すということでもある。一の成功のカゲには九九の失敗がある。その失敗すべてに責めを負わせ、被害者がいる場合に損害を賠償させることは、意欲的に行動する者の熱意をくじかないとしても、経済的に破滅させてしまうことになる。

†まやかしの平等――過失責任原則の修正

過失責任主義を擁護するもう一つの理由が相互性・対称性である。要するに「お互い様」ということだ。近代市民法は、「対等当事者間の調整のための法」ともいわれる。すなわち、たとえ加害者優位のルールであっても、お互いが加害者にもなれば被害者にもなるのだから、けっきょくは平等である。被害者の立場で損をしているようであっても、加害者の立場で得をすることがあるわけだから、差し引きゼロ、というわけだ。

この平等がまやかしであることはいまの目から見ると明らかだろう。工場労働者と工場主は対等だろうか。収入や身分のことはさておき、相手に過失で損害を与える可能性という点だけで考えても、両者が平等でないことははっきりしている。工場の機械や設備の欠陥で労働者が傷つき命を落とす可能性と、工場労働者の過失で工場主が傷つき命を失う可能性とでは、大きな差がある。工場に姿を現さない資本家ならばなおさらだ。労働者は、せいぜい機械の操作ミスで経済的損失を惹き起こす程度だろう。法の上では対等な当事者であっても、現実には一方的な加害者と一方的な被害者に分かれていたのである。

そのことは徐々に意識されるようになり、過失責任原則は実際上大きく修正されることになる。冒頭で「他人をひき殺しても原則として責任を問われない」と書いたことにたぶん違和感があったのはそのためだ。実際には、交通事故では原則と例外が逆転してしまっており、事故を起こした場合には免責事由がない限り責任を問われることはご承知のとおりだ。交通事故の局面で過失責任原則を貫くと、被害者に対して苛酷すぎるからである。

過失責任原則は修正された。だが、それで十分だろうか。

被害者救済を考えるうえで、もういちど確認しておきたい。われわれは人をひき殺してもいい社会で生きている。そのことは、次の節で明らかにしよう。

†魔神の誘惑――生け贄と見返り

あなたがこの国の指導者だったとする。ある夜枕元に魔神が現れてこう言ったとする。

「お前が毎年一〇〇〇人の国民の命を差し出すと約束すれば、国を繁栄させ、すべての国民が豊かな暮らしをできるようにしてやろう」。

あなたは約束に応じるだろうか（問題を単純化するために、魔神は必ず約束を守るということにする）。

おそらく多くの人は、生《い》け贄《にえ》という発想そのものを拒否するのではないかと思う。このような取引に応じた指導者は国民の支持を失うに違いない。

さて、ここで問題を出そう。日本では毎年八〇〇〇人以上の人が交通事故で命を失っている（ただし二〇〇三年の交通事故死者数は七七〇二人。四六年ぶりに八〇〇〇人を下回った）。われわれは、自動車の便利さと引き換えに、八〇〇〇以上の人命を犠牲にしているのだ。魔神に生け贄を捧げるのとどれほど違うだろう？(5)

比較してみると、魔神の申し出を受け入れるほうが交通事故を受け入れるよりもはるかに有利であることがわかるはずだ。魔神が要求しているのは一〇〇〇人の命であり、交通事故で失われる人命よりはるかに少ない。また、魔神はすべての国民を豊かにすることを約束するが、自動車ではそういうことは保証されない。われわれは、魔神との取引よりも、もっと悪い条件で人命を犠牲にしているのではないだろうか。

これに対する一つの答えは、確実に死ぬとわかっている生け贄として差し出すことと、不慮の事故によって死ぬのは違う、というものだ。

だが、交通事故では「確実に死ぬとわかっている」といえないだろうか？ たしかに、特定の誰が死ぬかは確実ではない。しかし、一年間で一〇〇〇人以上死ぬということなら、これは確実だといっていいだろう。何か特別なことをしない限り、来年一〇〇〇人以上の人が交通事故で死ぬことを合理的に疑うことは不可能だと思う。(6)

また、魔神の生け贄の選び方を確定的にしないことも可能である。魔神の犠牲者を、一億二〇〇〇万（人口）分の一〇〇〇で当たるルーレットで選ぶことにするのである。魔神は国民一人ひとりに対してこのルーレットを回し、当たったら命を奪う。これなら、死ぬことは確実ではなくなる。だが、そのことで魔神の申し出を受けることが正しいかどうかの決定に何らかの影響があるだろうか。

もう一つの答え方は、われわれは「生け贄をささげる」類の決定をしていないし、またできないというものである。自動車の導入は、誰かが決定したというものではない。毎年交通事故で八〇〇〇人以上の犠牲者がでることは、特定の決定の結果ではなく、各人の行動の結果の集積にすぎない。

この答えは、ある意味で正しい。ただし、重要な事実を見逃している。たしかに、自動車を社会に導入することの賛否は一度も問われていないだろう。その意味で、自動車を導入するという社会的決定は明確には行なわれていないといってもいいかもしれない。しかし、救急車やパトロールカーのように、公共の役に立てられている自動車があるということは、自動車を使うことが社会的に承認されているということだといえるだろう。そして、さらに重要なのは、われわれは、社会的な決定によって交通事故という結果に明示的に影響を与えることができるし、現にこれまで与えてきているということだ。

†自動車の禁止と人命の尊重

自動車を全面的に禁止すれば、交通事故はゼロになる。それをしないのは、われわれが自動車の利便のためなら「人をひき殺してもいい」と考えているからだ。

この表現はいささか刺激的かもしれないが、間違っていないとわたしは考える。もちろん、深く考えていないために自動車の存在によって必然的に交通事故が起こることに思い至らなかったということはあるかもしれない。ならば、新たな提案として「自動車の全面禁止」を提出してもよい。深く考えたうえでそれを拒否するとしたら、その理由が何であれ、その理由のためなら人がひき殺されることを認めるということだ。

この問題についての一つの逃げ方は、個人の自由を尊重する社会では、自動車を全面的に禁止することは不可能だというものだ。社会全体としては、交通事故で死ぬ者が出ることは確実であるとしても、それだけでは個人の自由を制限する理由として十分ではない。個人の自由を制限するためにはもっと具体的な危険性のある行為でなければならない。

しかし、これでは問題を回避したことにならないだろう。わたしは自由のない社会には住みたくないが、自動車のない社会には住んでもよいし、いまよりよい社会だと感じる可能性も十分にあると思うからだ。「自動車を禁止できるなら、なんでも禁止できる」などと考える必要はない。そもそも全面的な自由を認める社会などないのだし、生命を脅かす身近で大きな危険として自動車を禁止できない理由はないと考える。仮に現行憲法の下ではできないとしても(できるとわたしは思うが)、憲法は絶対のものではない。人びとがよりよく生きていくうえで障害になるなら改正すればいいだけの話だ。

そして、仮に自動車の全面禁止が不可能であるとしても、それで問題が片づくわけではない。たしかにわれわれは自由を尊重する社会に生きており、自由を享受することはリスクを引き受けるということでもある。自分が自由に振る舞い、相手も自由に振る舞うとき、ぶつかり合い傷つけ合う場合があることは当然だからだ。

だが、これはいかなる危険をも引き受けなければならないということではない。爆弾の製造と使用の完全な自由を認める必要はないのだ。自動車の場合も、すでに完全な自由はない。自動車を運転するためには、免許を取得する必要があり、速度制限をはじめとする交通ルールが定められている。これらのルールは自動車が社会にもたらされてから後で作られたものだ。自動車の導入は社会的な決定でなかったとしても、その規制は社会的な決定として行なわれてきたのである。仮に自動車の全面禁止はできないとしても、速度制限ができないと主張することは不可能だろう。

†快適か人命か

では、自動車（二輪を含む）の制限速度を一律時速三〇キロメートルにするのはどうだろうか。自動車がなくならない限り、交通事故で死ぬ人はなくならないだろう。だが、自動車の最高速度が時速三〇キロ以下になれば、交通事故も死者も激減するのではないだろうか。

交通事故が起こる根本的な原因の一つは、人間の限界を超えた速度で車を動かしていることにあるかもしれない。一〇〇メートルを一〇秒で走るトップランナーでさえ、その速度は時速三六キロである。それをはるかに超える速度では、人間の反射神経がついていけない場合が生じても不思議ではない。自動車の速度が三〇キロ未満になれば、まず事故の数そのものが激減するだろう。

そして、事故が生じた場合でも死亡する割合が大きく減少するだろう。運動エネルギーは、速度の二乗に比例するからである。現状では町を走る自動車の平均速度は、時速五〇〜六〇キロというところだろうか。時速六〇キロと比べた場合、時速三〇キロでは運動エネルギーは四分の一である。

制限速度を時速三〇キロにしても、守られなければ意味がないのではないか。そういう疑問が生じるかもしれない。だが、どんなルールであれ、一〇〇パーセント守られることはまずありえない。現在の速度制限についても、守っていない自動車のほうが多いかもしれない。だが、だからといって制限速度を設定することが無意味ということにはならないだろう。

また、単に三〇キロ制限にして罰則を強化するより、もっと確実な方法も考えられる。すべての自動車にリミッターを取り付けることだ（救急車やパトロールカーのような緊急車両にはこのリミッターを取り付けなくてもいいかもしれない）。そして、簡単に外されないように、解除には大規模な設備が必要になるようなかたちでエンジン（ないし制御機構）と一体化し、そして、そのリミッターを解除する行為を重く罰すればいい。技術と設備をもった会社・技術者は、違法行為に簡単に手を出さないだろうし、仮に手を出せば長期間刑務所に収容されるなら、このリミッターを外すということはほとんど行なわれないだろう。

もしこのような法政策が実現したとしたら、交通事故も死者も激減することは間違いないだろう。どれくらいかを見積もることは困難だが、現在の半分以下に減るというのはむしろ控えめすぎる推定になるのではないだろうか。一〇分の一以下になるということさえ、ありえないことではないように思われる。そして、死者が半分に減るということは、四〇〇〇人以上の命が救われるということなのだ。

これが簡単に実施できるというつもりはない。既存の自動車にリミッターを取り付けることは費用がかかるし、徹底するには時間がかかるだろう。だが、大きなコストがかかるとしても、四〇〇〇人以上の人命が救われるなら、それはかける価値があるのではないか。わたしは、すべての自動車の制限速度を三〇キロメートル以下にして、それを徹底的に守らせるという政策は、考慮に値するものであると思う。

ただし、勘違いしないでほしい。わたしは、この政策を提案したいのではない。この政策について検討したのは、われわれの社会が「人をひき殺してもよい社会」であることを明らかにするためだ。われわれの社会は、三〇キロメートル制限政策を現に行なっていない。そして、将来も行なわないだろう。[7] 三〇キロメートルの速度制限は、自動車の「快適さ」を大きく損なう。そんなことをがまんするよりも、「四〇〇〇人以上の人がひき殺される」ことをわれわれは選ぶのである。

†犠牲を正当化する条件

では、「四〇〇〇人以上の人がひき殺される」ことを選ぶことは正しいのだろうか。わたしは、現状は不当であり、正当化するためには二つの条件を満たさなければならないと考えている。

すでに述べたとおり、現状では加害者優先の原則の下に被害者に負担が強いられている。過失責任原則は大きく修正されてはいるものの、裁判や交渉をしなければならないだけでも被害者にとっては少なからぬ負担である。少なくとも交通事故に関しては無過失責任原則をとるべきだ。

無過失責任原則によって、被害者が無条件に損害賠償を受ける権利をもつことになったとしても、加害者が無一文では絵に描いた餅である。被害者が確実に賠償を受けられるような制度を整えておく必要がある。たとえば、加害者に損害を賠償するだけの財産がない場合には、国家がその費用を被害者に支払うという制度が考えられる。もちろん、加害者を免責する必要はない。その費用は、一生かかっても国家に返させることにすればよい。

また、加害者は交通事故においてつねに個人的な悪者だろうか？

交通事故では、運転をする誰もが加害者になりうる。ある程度長く運転をしていて、わずかの差で事故を免れたという経験のない者はいないだろう。注意していてもどうしようもない瞬間というのがある。そして、注意不足を責められる余地があったとしても、つねに最高度の緊張を続けられる人間はいない。注意がそれる瞬間は誰にもある。ただ、それが「危ない瞬間」と重ならない限り事故にならないだけだ。事故を起こさずに運転を続けることができているのは偶然にすぎない、というと少しいいすぎだが、いささかの幸運が手伝っていることは確かだろう。

つまり、加害者はある意味「社会の代表者」といえる。四〇〇〇人以上ひき殺されることを選択した社会の中で、彼はたまたま加害者に選ばれたにすぎないのだ。もちろんこれは、「ふつうの」運転者にいえることで、制限速度を大きく超えたり、信号を無視したりするような無謀な運転者には当てはまらない。交通ルールを守り、常識的な運転をしていても事故は起こる。そういう場合にだけいえることだ。

交通ルールの設定が社会的な選択であり、その選択によって社会が利益を得ている以上、その設定から生じる損失に対して、社会は無責任ではありえない。交通事故を被害者と加害者の間だけの問題にすべきではない理由はここにある。

†人に迷惑をかけてはいけない社会へ？

さて、ここまでは交通事故を例にとって考えてきたが、[8] 加害者優先原則が見直されるべきなのは、もちろん交通事故に限った話ではない。製造物責任法など、実際にその方向への動きもすでに生じている。

先に「時代の要請」ということばを使ったが、この変化も時代の要請といっていいだろう。対等の個人を前提にした被害・加害の相互性の崩壊はすでに明らかだ。そして、それだけではない。〝危険を恐れず突き進むことが、個別に損害を生み出しても、全体としての福祉を向上させる〟ということが現代では通用しなくなってきているのだ。巨大な災厄を避けるために、慎重に行動することが必要になったのである。

その意味で、「人に迷惑をかけてもいい社会」から「人に迷惑をかけてはいけない社会」への転換点に来ているといっていいかもしれない。ただ、ここでもう一つ意に留めておくべきことがあるとわたしは思う。それは、人間は互いに迷惑を掛け合って生きていくしかないということだ。

「人に迷惑をかけてはいけない」ということばは、ときに弱者を追いつめることになる。老人や障害者、病人など、他人の助けを必要とする人は存在してはならないだろうか。もちろんそんなことはない、という答えが返ってくると期待する。少なくともタテマエの上では。そもそも、そういう場合は「迷惑」ではない、ともいわれるかもしれない。

だが、〝寝たきりになるより死んだほうがいい、人に迷惑をかけたくない〟という老人の声を聞くとき、「迷惑」ということばを重く広く受け止める人がいることを感じざるをえない。

そもそも「人に迷惑をかけてはいけない」とは誰に向かって言う意味のあることばなのだろう。騒音をまき散らす暴走族にそう言ってやる勇気が仮にあなたにあるとして、そう言われた彼らは迷惑をかけるのをやめるだろうか。

はじめから人に迷惑をかけてはいけないように気をつけている人には言う必要がない。迷惑をかけても平気な人には言っても意味がない。悪くすると、迷惑をかけまいと思いながら人の世話を受けなければいけない状態にいる人たちを追いつめる。「人に迷惑をかけてはいけない」と言う人は、自分は人に迷惑をかけていないつもりなのだろうか。だとしたら、それこそ傲慢というものではないか。

「人に迷惑をかけてはいけない」ということを真剣に考えるなら、このことばが無神経に発せられたときの迷惑に思いを致すべきなのではないかと思う。

註

(1)電気自動車の場合、電気自動車自体からは排気ガスは出ない。とはいえ、電気は無公害で生み出されるわけではない。環境負荷の発生場所が、車から発電所に移るだけだ。発電所から自動車までの伝送ロスを考えると、ガソリンをその場で燃やす普通のガソリン自動車のほうがトータルとしての環境負荷は小さいかもしれない。もっとも、汚染源の集中管理や、稀少自然の保護のような別の利点はあるのだが。

(2)刑法二一一条は「業務上必要な注意を怠り、よって人を死傷させた者は、五年以下の懲役若しくは禁錮又は五十万円以下の罰金に処する。重大な過失により人を死傷させた者も、同様とする」と定めている。

(3)ちなみに、残りの二つは契約自由の原則と所有権絶対の原則である。

(4)皮肉にいうなら、強者がより強力な手段で弱者を圧倒して自らの意思を押し通すルールを手に入れたというところだろうか。「時代の要請」ということばは、一部の人間にだけ都合がいいということを隠蔽するのに便利な道具だ。だが、そういう一部の人間が思いのままに時代を動かせるというわけでもないし、他の多数の人間がみな変化を望まなかったというわけでもないだろう。時代の動きには、特定の人間のコントロールを超えた部分がある以上、「時代の要請」というのも全くの嘘ではない。

(5)これは、アメリカの法学者カラブレイジが、講義の中で学生にすることにしている質問をちょっと変えたものだ。

(6)もちろん、来年の交通事故死者が一〇〇〇人未満である可能性はゼロではない。しかし、政策を決定するうえで考慮するに値しないくらい微々たるものであるとわたしは思う。ところが、世に「かもしれないバカ」というのがいて、問題にするに値しない微々たる懸念をタテに頑張ることがある。来年の交通事故死者は一〇〇〇人未満かもしれないと主張する人には、わたしはいかなる掛け率でも賭けに応じるといっておこう。

(7)将来も速度制限政策を行なわないというのは推測にすぎないわけだが、少なくとも近い将来に限っていえばほとんど確実であるとわたしには思われる。なお、〃行なわれるかもしれない〟と主張する人は、自らこの政策を提案するか、せめて提案されれば賛成するくらいの表明はしてほしいものである。

(8)交通事故損害の社会的処理システムを設計するうえで、考慮すべき点はもちろん他にもたくさんある。たとえば、モラルリスクの回避、損害の算定などだが、これらについては本書では取り扱わないことにする。

第7章　選択の自由があるのはいいことか

†ハンバーガーショップと選択の自由

一つのことを強制されるより、自分で選べたほうがいい。そんな風に思う人のほうが多いかもしれない。だが、選択の自由があることはほんとうにいいことなのだろうか。

アメリカでは、ハンバーガーやサンドウィッチを食べるときにさえ、しばしば多くの選択を迫られる。肉の焼き具合はどうする？　パンは何を使う？　マスタードをかけてよいか？　ピクルスはどうか？　ソースは何がいい？　××は入れるか？　○○は？　△△は？……

不慣れな日本人旅行者が、英語がよく聴き取れないままにイエス、イエスと答えていると、考える限りあらゆる具の詰まった巨大なハンバーガーを手渡されることになる。

このエピソードの教訓の一つは、選択の意味がわからなければ、選択の自由は存在しないということだろう。だが、意味がわかったとして、それで選択の自由がない場合より幸せだといえるのだろうか。どのソースが美味しいとか、どの具の取り合わせが美味しいとか、よほどのマニアでもない限り、どうでもいいことではないか？

そして、自分で選んだ結果が不味かったら？　自分で選択できるということは、選択の結果についての責任を負わされるということでもある。ハンバーガーのプロである作り手が責任をもってもっとも美味しい組合せを提供する場合と比べてどうだろう。自分では何も選択せず、作り手のベストを賞味して、気に入らなければ文句を言う。こっちのほうが幸せではないか？

そう、この問題は、民主主義の評価にもかかわっている。自分で考えて代表を選んで責任を負うより、慈悲深い君主に従って、不平だけを言っているほうが楽じゃないか？

民主主義の問題は別の章に譲ろう。そして、この章では、選択の自由がある意味について掘り下げて考えることにしよう。選択の意味がわかっていたところで必ずしも幸せにはなれず、自分の望む結果を手に入れようとするなら、かなりの面倒が付きまとうことになる。さまざまな組合せにチャレンジし、自分の好みにもっともふさわしいものを見つけなければならない。これは、かなり面倒である。

この面倒は我慢するとしても、それだけではすまない。現実の問題では、しばしば選択の意味は自分には（ときとして誰にも）わからず、また自分一人で選択できるとも限らない。

†不妊治療は「治療」か？

不妊に悩む女性にとり、不妊治療は福音である。はたしてそうだろうか。

この薬を飲めば、一週間で妊娠できるようになります――不妊治療はそんなお手軽なものでない。その程度のことはある程度知られているだろう。しかし、普通いう「治療」とはずいぶん違う場合があるということはそれほど知られていないかもしれない(1)。

治療ということばで、われわれが普通に思い浮かべる行為は、病気やケガを治すということだろう。たとえば、インフルエンザにかかったとき、抗インフルエンザウィルス治療薬を飲んでインフルエンザウィルスの活動を抑えるというのは、イメージにぴったりする例だと思う。つまり、体の異常な状態を通常の状態へと回復させるということだ。

不妊治療で通常の治療のイメージに近いものももちろんある。子宮筋腫が受精卵の着床を妨げている場合に、その筋腫を摘出するというようなものがそうだ。だが、〝身体の機能不全の原因を取り除いて、身体の機能を回復させる〟という、治療の典型的なイメージに当てはまる「不妊治療」はむしろ例外かもしれない。

　卵管の透過性がよくない、すなわち、卵子の通り道が通りにくい状態だ、という場合がある。このとき、通常の治療イメージからすれば、卵子が通りやすい状態にするというのがまっとうな治療だろう。ところが、このような場合にとられる手段としては、むしろ人工授精のほうが有力なのである。卵子が卵管を通らないから、卵子を体外に取り出して人工授精する。それは、治療といえるのだろうか？

　女性が妊娠しない原因は、女性にあるとは限らない。女性の身体機能が正常でも、男性の身体機能に問題があれば女性は妊娠しない。たとえば、乏精子症の場合がそうだ。男性の精子が少なすぎると、女性は妊娠しない。この場合の、通常のイメージにそった治療法は、男性の精子が十分に生産されるように機能回復を行なうことだろう。ところが、実際にそのような場合の「治療法」として提示されるのは、濃縮した精液を女性の子宮に注入することだったり、体外受精を行なうことだったりする。男性の「異常」が原因でも、「不妊治療」を受けるのは女性なのだ。

†選択の範囲

　このように、不妊治療は「治療」というよりも、代替手段の提供というほうがふさわしいものが主である。身体の機能を回復させるのではなく、別の手段で妊娠を可能にするわけだ。代替手段の提供も治療のうち、という発想でいくと、代理母やクローン技術まで不妊治療に含めることが可能になってくる。事実、そのような主張もある。世界最初の「クローン人間」妊娠成功、と主張された例は、不妊対策として行なわれた。「不妊治療に限れば、クローン人間づくりも許容されるのではないか」と主張する医師もいる。

先に述べたように、よい選択を行なうためには、選択の内容を理解していなければならない。この件もそのことを考えるうえでいい例になる。不妊治療に賛成か、と聞かれて、不妊に悩む女性の身体機能を回復させる行為のつもりで賛成したら、クローン人間づくりに賛成してしまった、というようなことが起こりうるわけだ。

この種のことはアンケート調査でしばしば問題になる。真面目に答えようとすると、答えられなくなってしまうようなアンケートが非常に多い。不妊治療に賛成か、とただ聞かれても、どの範囲の不妊治療かが明確でなければ答えられない。

代理母やクローンは一般的な治療法でないから考慮から外すとしよう。それでも、身体の機能回復には賛成するが、人工授精は不自然だから反対する、という立場の人は答えられないのだ。「強く賛成」とか、「やや賛成」とか、そういう選択肢では解決できない。「場合による」というのも少し違う。この選択肢は、人工授精でも事情によっては認められる、という見解も含んでしまうからだ。

†酸っぱい選択肢

代理母やクローンを不妊治療の一部としてとらえることは可能だろう。しかし、これらは不妊治療という選択肢について考えるというよりも、独立した問題として考えたほうがいいと思われる。また、現在のところ、不妊治療の一部になっているとはいえない。本節では、これらを除外して考えることにしよう。

さて、不妊治療を受けるということは、大きな負担を背負うということでもある。

① 治療費　不妊治療には健康保険が適用できない場合が少なくない。人工授精、体外受精などには保険が適用されず、全額自己負担となる。体外受精は一回三〇万〜四〇万円の費用がかかる。

② 時間　治療を受けるには時間がかかる。一回で成功することはまずない。何年も、ときには一〇年も治療を続けている場合がある。仕事をしながらの場合にはかなりの負担になってしまう。

③ 薬の副作用　不妊治療では、排卵誘発剤などの薬物投与が行なわれるが、女性はしばしば副作用に悩まされる。強い吐き気や体の腫れなどの例が報告されている。

④　精神的ストレス　人工授精、体外受精では、精子を子宮に注入したり、卵子を子宮から取り出したりする。これらの治療がインフルエンザの治療とは別種の精神的ストレスをもたらすことは容易に想像がつくだろう。

そして、当然ながら治療が成功する保証はない。数百万円の費用をかけ、副作用と精神的ストレスに苦しみながら、何年も治療を続けても、けっきょく子どもはできないかもしれない。不妊治療という選択肢は、そのようなリスクを伴った選択肢なのである。

不妊治療は決してお手軽な選択肢ではない。それでも、選択肢があるのはいいことだ、と主張することはもちろん可能だ――苦しい選択でも、選択の余地がないよりはましだ。もし辛くていやだと思うなら選ばなければいいのだから。

選択が完全に自分の思いどおりにできるなら、そのとおりかもしれない。だが、現実にはそうはいかない場合が多い。夫が、親が、子どもを強く望んだ場合に、その意向を全く無視できるだろうか。

女は子どもを産むのがあたりまえ。そういう風潮は、非常に根強いものがある。「子どもは嫌い。産みたくない」ということばを、「テニスは嫌い。やりたくない」ということばと、全く同じ重みでいうことはできないだろう。仮にそのつもりでいっても周囲は同じようには受け止めない。

子どもを産みたくない人が、周囲の意思を押しつけられて不妊治療をしているといっているのではない。それは例外だろう。だが、子どもが欲しいという気持ちをもちながら、副作用に悩み、ストレスに苦しみ、体も疲れ果てて、〝もうやめたい〟と思いながら、それを言い出せないような場合がありえないと考えるのはどうかしている。

そして、言い出しても、それを貫けない場合もあるだろう。押しつけはときに「励まし」というかたちをとる。「次はうまくいくかもしれないよ。あきらめないで。がんばって」――脅迫だけが強制の手段ではない。

†社会的疾病としての不妊

そもそも不妊は病気だろうか。不妊だからといって、身体のどこかが痛いというわけではなく、日常生活に支障をきたすわけでもない。放置しても生命が危なくなるということもない。どんな女性も、歳をとれば不妊になる。だが歳をとった女性がみな病気であるとはいわない。その意味で、不妊は通常の病気と異なっている。通常の病気は、すみやかに回復が必要な「マイナスの状態」だが、不妊はそうではない。

では、不妊治療はプラスを求める行為なのだろうか？　子どもが欲しい、というのは自然な願いである。だが、いま不自由していないものを求めるという点では、広い家に住みたいというような、現状にプラスすることをもとめる願いと同じだとも言える。そこには安住の地をなくした難民が、ともかく住める場所を求めるような切実さは欠けている。子どもを求めることは、ゼンソクに苦しむ人が、ふつうに息をできるようになることを切に求めるのと同じだとはいえない。

だが、子どもが欲しくて不妊治療に通う人を、いま以上の贅沢を求めていると描くことは、非常に奇妙なことに思えるはずだ。それは、そのような人たちは、現に苦しんでいるからだ。すでに幸せな人がもっと幸せになろうとしているのではないからだ。

そして、その苦しみは社会的な苦しみである。不妊による身体的な痛みはなくても、精神的な痛みはある。その最大の原因は、子どもがないことへの社会的評価だろう。石女《うまずめ》ということば。子供を産めない女は、女として不完全だという考え方。子どものいない人生は不幸だという固定観念。そういったものが精神的な圧力になって子どものいない人を苦しめる（そして、その圧力は主として女性に向かう。医学的には、不妊の原因が女性のみにあるわけでないことは常識である。社会的にも、そのことはかなり知られているといっていいはずだ。それでも、しばしば矛先は女性にのみ向けられる）。不妊は、医学的な病というより、社会的な病なのだ。

このような状況では、自由な選択が難しくて当然だろう。子どもがいないことへの軽蔑も哀れみも、人を不妊治療へと押し流す圧力になる。子どもがいないという状態が、決して不幸でも異常でもなく、人生を彩るさまざまな要素の一つである、そういう状況があってはじめて自分の意思で決めることが可能になる。

もちろん、完全な自由などありえない。これはあらゆる選択についていえることだ。人間の人格自体、社会的に形成される以上、個人の自由な選択と社会的な決定は無縁ではありえない。何が不幸で何が幸福かの判断は、個人的であると同時に社会的である。

不妊治療にせよ、あるいは他の場合にせよ、最終的に決断するのは本人だろう。だが、その選択肢は社会的に限定される。社会的に望ましくない選択肢は法律で禁止されるのだ。たとえば、クローン人間のように。だからこそ、個人を尊重する社会であるためには、選択肢とそのインフラに配慮しなければならない。よりよい選択ができるようになることは、社会的な問題なのである。

†選択の自由と強者の論理

これまで述べてきたような考察を踏まえて、選択肢を磨き上げ、そのインフラを整備し、理想的な選択状況を作ることがもしできたとしたら、選択の自由が増えることはいいことだと言えるようになるだろうか。おそらく、それでもなお残る問題は、選択の自由は強者をより有利にするということだ。

選択肢の意味を可能な限り明瞭に示すことに成功しても、その意味をより深く理解し、より遠くまで見通して、自分に有利な選択肢を選ぶことができるのは、頭のいい人間だろう。恐ろしい結果をもたらしうる選択肢を選ぶことができるのは、勇気のある人間だろう。安易な選択の誘惑に負けずに、苦痛を伴う選択肢を選ぶことができるのは、固い意志をもった人間だろう。

選択の自由がなければ、弱者と強者の間に差はできない。〝みんないっしょ〟の道をたどることになる。選択の自由があれば、強者は自分に有利な選択をすることができ、その結果弱者よりも優位な立場を手に入れることができる。

この図式を変えることは、おそらく不可能だろう。

もちろん、弱者と強者を固定的に考える必要はない。人は強くなることができる。選択の機会は、強く成長する機会でもある。ある選択で失敗しても、それを踏み台にしてよりよい選択ができるように成長することができる。強くあれと人に求めることは、人に成長を促すことでもある。

だが、すべての人が強くなれるのだろうか。足が不自由な人に、〝速く走れ〟と要求することは無茶だろう。肉体的な障害は目に見えるのでわかりやすい。同じようなことが精神についてもいえるかもしれない。賢明な選択を、ねばり強く追求することは、はたして誰にでも可能なことなのだろうか。

ＬＤ（学習障害）ということばを聞いたことがあるのではないかと思う。知能がとくに低いわけではなく、感覚にも障害があるわけではないのに、特定のことができない状態を指すことばだ。他のことは普通にできるのに、本を読めない、あるいは筋の通った文章が書けない、もしくは、簡単な計算ができないなど、特定のことだけができないという状態の人がいるのだ。

ＬＤは、中枢神経系に何らかの機能障害があると推定されている。怠慢や教師への反抗のためにわざとやらないのではなく、する能力がないのだ。このことは健常者には想像しにくく、ＬＤの状態にあるものに対しては、しばしば非難や励ましが向けられてきた。

だが、足の神経が麻痺している者が、いくら脅されても勇気づけられても、それで足が動くようになるわけではない。それと同じように、ＬＤの状態にある者は、いくら脅されても勇気づけられても、計算や読み書きなど、その者ができない特定のことができるようにはならないのだ。

意志の強さや頭の良さ、ひょっとして心の正しさについてさえ、同じことがいえないだろうか。強くなれ、といわれてもどうしようもない人たちは、はたしていないのだろうか。

選択の自由の拡大は、競争社会にふさわしい考え方である。競争しないという選択、同じ結果を受け入れるという選択は、しばしば悪平等と非難され、またそれは必ずしも間違いではない。弱者の切り捨てと悪平等のどちらを選ぶのか。選択の自由と共感の充実のどちらを選ぶのか。これらは、単純な二者択一の問題ではなく、両極端の間でバランスをとる程度問題であり、すべての社会制度において考慮すべき問題なのだ。

註

(1)不妊はそもそも病気ではなく、したがってそれへの対応は治療ではありえない、という主張にはそれなりの意味がある。しかし、ここではそれについて論じないことにする。本章の目的は「選択の自由」について論じることだからだ。ここで治療ということばを使うかどうかは重要ではない。妊娠できない女性に、不妊治療(あるいは不妊対策)という選択肢があるという具体的な例を通じて、本章は選択の自由の意味について明らかにしようとするものである。さらに付け加えると、不妊治療の詳細について説明することも本章の範囲からは外れることになる。

第8章 暴力をどう管理するか

悪い人を殺して
悪い人を殺して
悪い人を殺し尽くしたら
いい人だけのいい社会になるだろうか

† 10・8

僕たちは死と暴力の世界に生きている。死と暴力を肯定する世界に。それは別にテロとか戦争とかいう場合だけじゃない。死と暴力は、いつも僕たちの心の中にある。折にふれ、心のどこかで、殺せという声がする。

これは、二〇〇一年一〇月八日に書くことを決めた原稿の書き出しだ。この日付はもう多くの人にとっては記憶の彼方にあるかもしれない。たぶん、その前の九月一一日（9・11）のほうが、ずっと多くの人が思い当たるだろう。一〇月八日は、9・11テロの報復としてアメリカがアフガニスタンに対して空爆を開始した日である。

当時わたしは〝Thinking like Singing――自由に法哲学〟というエッセイをメールマガジンに連載していた。一〇月八日の時点では、別のテーマで書き始めていたのだが、急《きゅう》遽《きょ》差し替えることにした。そのタイトルが「死と暴力の世界で」だ。

二一世紀になっても、われわれは戦争と縁が切れない。このことはある意味で当然だし、一〇月八日になって気づいたというのではどうかしている。その前に9・11があるということをいっているのではない。戦争は世界の多くの地域で二〇世紀からずっと続いていたからだ。アフガニスタン空爆は、マスコミが大きく取り上げたので非常に目立つことになったというだけのことにすぎない。

それでも、わたしは大きな衝撃を受けてしまった。〝ああ、またやっちまった。どうしてオレたちはこんなふうなんだろう〟。

9・11ももちろん暴挙ではあったが、非合法組織のテロリストがやったことである。合法的どころか、法を定め、合法と非合法を決定する国家がさらに大規模に罪のない人びとの生命を奪うことになる企てを行なったことには、やはり平静でいられなかった。

だから、改めて書いてみようと思った。死と暴力は、遠い世界の突発事ではなく、つねにわれわれの中にある現実であることを。もうわたしの中ではとうに決着がついてしまった「死刑」の問題を。罪のない人の命を犠牲にしてはじめて行ないうるということは、戦争も死刑もまったく同じなのだ。

あなたは死刑に反対だろうか。賛成だろうか。どちらであれ、わたしはあなたを説得するつもりはない。わたしのねらいは、あなたが死刑という問題とわれわれの社会と自分自身とをよりよく理解し、思いこみや刷り込みから解放されてもっと自由に考えられるようになる手助けをすることにある。

そのためには、最初から順を追って話すのがいいだろう。わたしは、長い間ずっと自分は死刑に賛成していると思っていた。それが、大学院に入って死刑の問題について改めて考えるに至って、死刑は廃止すべきだと思った。そして、さらに考えを進めた結果、死刑に賛成とか反対とか、そういう単純な二分法で語るべきでないことに思い至った。

単純にいえば、死刑賛成→死刑反対→第三の立場、というふうに揺れ動いたように見える。だが、じつは違ったのだ。わたしの死刑に対する思いは、一貫して揺るがなかった。ただ、十分に深く考えなかったために、自分の考えを適切に表現できなかっただけなのだ。

死刑に賛成とか、反対とか思っていたときは、ものを知らず考えが浅かったために、自分が本当にどう考えているのかを自分で把握できていなかったのだ。

†暴力を楽しむ社会で

わたしが子どもの頃、子ども向けの漫画やアニメのヒーローは今ほど悪人を殺さなかった。許しを乞う悪人に更生の機会を与えるというだけでなく、「畜生、憶えてろよ」と逃げていく悪人を笑って見逃すことは珍しくなかったように思う。

そういう漫画を読んでわたしはいつも不満だった。――ヒーローは笑っていればいい。強いんだから。悪人がまた襲ってきたらまたぶっ飛ばせばいい。でも、悪人に苦しめられていた普通の人はどうなるんだ。いつもヒーローがそばにいる訳じゃないのに。ヒーローがかっこよく去っていった後に、悪人が舞い戻って人びとをまた苦しめることになるんじゃないだろうか。悪を許すことは寛大で立派に見えるけれど、それは弱者を犠牲にしているんじゃないか――子どもの頃、うまくことばにできなかった感覚をことばにすればこういう感じになるだろう。

――手っ取り早く、殺しちまえよ。悪人は死ぬまで悪人なんだ。涙を流して許しを乞うても嘘っぱちさ。許されて、ヒーローがいなくなれば、さっそく善人を苦しめる。

いや、必ずしもそう思っていたわけではない。子どものころ、とにかく殺せ、とまでは考えなかった。どうしたらいいのか、なんてわからないけれど、とにかく悪人をほったらかしにするのはまずいんじゃないかと思っていただけだ。

逆に、ヒーローが、涙を流して許しを乞う（元？）悪人を容赦なく殺したりしたら、なんてヒドイことをするんだと腹を立てたかもしれない。勝手なものだ。どうすればいいのか、を自分で考えることなく、単に結果に満足できなかったのだ。

——悪いやつは殺せ。当たり前じゃないか。許しを乞う悪人を殺すのが残酷に見えるのは、そいつがひょっとしたら悪人じゃなくなってしまっているかもしれないからだ。最後まで攻撃をやめない純然たる悪人は殺して当然だ。

これも少し違う。必ずしも相手が死ぬことは意識していなかったように思う。望んでいたのは、悪いやつを「やっつける」ことだった。手加減なしに思い切り力をふるうことだった。その結果として悪人が死ぬことはとくに考えていなかったのだ。ただ、ヒーローが、悪人を殺さないように慎重に配慮して戦ったら、不満に感じたのではないかと思う。怒りを爆発させ、力を思い切りぶつけることがカタルシスになっていたからだ。

子どものわたしがそう思ったことは、べつに不思議なことではないだろう。悪いやつを思い切りぶっ飛ばしてスカッとする、というのはエンターテインメントの基本だ。そして、思うままに、何の抑制もなくふるわれる力は暴力に他ならない。エンターテインメントの世界での暴力性は、わたしが子どもの頃よりもずっと強くなっている。

暴力は勧善懲悪のような何らかの口実の影にいつも隠れているというわけでもない。バイオレンスは、小説や映画の一ジャンルになっている。凄絶な暴力描写が売り物になっていたりする。架空の世界の話だけでもない。ボクシングやK-1などの格闘技では、人間を殴ったり蹴ったりする行為が見せ物になっている。

われわれは、暴力が好きなのだろうか？　そして、殺すことは、暴力の少しだけ先にある。

†暴力と死刑

〝悪いやつを思い切りぶっ飛ばす〟ということと、〝凶悪犯罪者を死刑にする〟というのとでは、もちろん同じではない。しかし、子どもの頃のわたしにとっては同じようなものだった。悪いやつをぶっ飛ばすのは当然、プラス、人を殺した者は自分も殺されて当然。だから、死刑も当然。そんな程度で、深く考えてはいなかったように思う。

その素朴な思いこみを最初に揺るがされたのは、たぶん中学のとき、「シェイヨルという星」[1]というSFを読んだときだ。

スズタル中尉が、（たしか政治犯として）流刑地（星）に送られてきたところから話は始まる。その星で彼は全く非人道的な扱いを受けるのだが、その部分は詳しく覚えていない。臓器移植のための「生物工場」として利用される、といったようなことではなかったかと思う。わたしが衝撃を受けたのは最後のページのほんの一行ほどの記述だ。

革命が起こり悪の独裁者は政権から追われ、スズタル中尉は解放される。中尉は、新政権の人間に自分をひどい目に遭わせた奴らがどうなったかを尋ねた。その答えは中尉を驚愕させるものだった。心理矯正措置により、その権力者は善人に生まれ変わった。過去の過ちによって苦しむことがないように、その記憶は消去した。当然ながら処罰はされない。「正当な報い」を求めて抗議する中尉に対し、新政権の人間は言う。

わたしたちはあなたに何でもしてあげたいと思います。でも、他人の苦痛だけは差し上げるわけにいきません。

冷や汗が出た。新政権のやったことが正しいと思ったからではない。(2)
わたしは他人の苦痛を求めているのだろうか。
それを楽しんでいるのだろうか。

そういう部分があることを直感的に悟りながら、それでもどこか違う部分があることも感じて、でもそれは言い訳にすぎないという気がして、答えが出せなかった。だが、どう答えるにせよ、衝撃を受けたという事実がそれ自体何ごとかを語っている。全くの的はずれなら、何とも思わなかったはずだ。

極悪人の死を望むことと、そうではない人の死を望むこととは同じではない。それは確かだと思った。そして、自分は、極悪人に対する正当な報いということを口実にして、死と暴力を求めているのでもないと思った。

だが、それでもどうしても認めざるをえないことがあった。それは、少なくとも極悪人への死と暴力が自分にとって不愉快ではないことだ。決して「正義をつらぬくためのやむをえない代償」として、苦渋に満ちた決断によって受け入れたのではない。こういうとき、死と暴力はわたしにとって嫌悪すべきことではない。それどころか、人殺しが正当な報いを受けたとして、むしろ喜ばしいことでさえあったのだ。

極悪人の死と苦痛を望むことは間違いなのだろうか。必ずしもそうは思えなかった。だが、たとえ極悪人の死と苦痛を望むのが間違いとはいえないとしても、極悪人も含めて、他人の苦痛をすべて否定することのほうがもっと正しいのではないか。そもそも暴力と死を否定しない社会だから殺人が起こるのではないか。

そんなことを思いながらも、凶悪犯罪の報道に接するとやはり、怒りがわき起こったし、これを怒ることは不当でないと感じた。だからやっぱり死刑は当然という気もして、自分の気持ちと考えを整理できずにいた。考えがまとまった（と当時は思った）のは、大学院に入ってからで、このときは死刑を廃止すべきだという結論に達した。いまから思うとこの時期がいちばん短かったのだが。

†罪なき者の処刑は正当化できるか

法システムについてある程度わかってくると、「極悪人は殺してもよい」ということが、異論の余地なく承認されてもそれだけでは死刑を正当化することができないことに気づく。死刑を正当化するために必要なのは、「罪のない人を死刑にしてもよい」ということを正当化することなのだ。わたしは、そんなことできるはずがないと思った——そう、その当時は。

死刑を行なうということは、罪のない人を死刑にする場合ができるということだ。人間のすることは、完璧ではありえない。間違って死刑にする場合は「必ず」出てくる。慎重にやれば大丈夫？　慎重にしているつもりでミスを犯すのが人間である。来年交通事故が一件も起こらないと思うだろうか。慎重に運転していれば事故など起きないと安心していいだろうか。

誤判は必然である[3]。

慎重にしていてもミスは起きる、というどころの話ではない例を知るようになったのもこの時期である。誤判の例を調べていくうちに、あまりにもいい加減な根拠で死刑判決が下されているのを発見して唖然《あぜん》としたことが何度もあった。

第4章で触れた殺人事件。全身三十数カ所の刺し傷、現場は血の海。障子にまで血しぶきが飛んでいる。死刑判決が下されたその事件の唯一の物証がズボンにあった数カ所の小さなこげ茶色のシミ。最初の鑑定では、血液だと鑑定できなかった。そこで、東大のエライ先生に鑑定を頼んで、O型だと判定してもらった（後に、大先生ではなく門下の大学院生が「見よう見まねで」鑑定をしていたのだとわかった）。

しかし、血液型うんぬん以前に、そんな状況でズボンに数カ所しか血の痕ができないのが不自然だとわからなかったのだろうか。被告が犯行当時着ていたとされた上着からは血液反応が出なかった。洗濯したから落ちた、というのが警察の説明で、裁判所はそれを信じた。

こういうのが例外であることはいうまでもないと思う。しかし、これほどひどい例外がなぜチェックできなかったのか。最高裁まで三度裁判を行ない、間違いはないとされた結果がこれだった。

十分に注意してさえミスは起きる。そして、十分に注意しているとは信じられないような例がある。無実の人が死刑にならないなんて、誰にも保証できないのだ。罪のない人が死刑になることを受け入れずに死刑を認めることはできないのだ。

当時のわたしにとっての決め手になったのはこのことだった。自分にとって大切な存在を凶悪な犯罪によって奪われたなら、犯罪者を憎むのはごく自然なことだと思う。わたし自身、激しく憎むだろう。しかし、その憎しみが当然であるとしても、その憎しみを満たすために罪のない人を犠牲にすることは許されないと思った。仮にそれがたった一人であるとしても、罪のない人を死刑にすることは絶対に許されない——そのときはそう思った。

> まあ仮にだね、お前自身は、最後には人間を幸福にし、ついには人間に平和と安静を与えることを目的に、人類の運命という建造物をたてているのだが、そのためにはたったひとりのちっぽけな人間、例のあの、自分の胸を小さなこぶしでたたいた子供を責め殺すことがどうしても必要であり、それを避けることはできない、その子供の、恨みを晴らせない涙を土台にするのでなければその建物はたたないとしたら、お前はそういう条件でその建築技師になることを承知するかね、嘘を言わずに答えてくれ！[4]

まさかこの問いかけにイエスと答えてしまっているとは思わなかった。この問いかけは、後に書くことになる論文の冒頭に掲げた。

†殺すことで失われるもの

この時期に強く意識していたことがもう一つある。それは、殺すことによって失うものがあるのではないか、ということだった。

あなたが人を殺さないのはなぜだろうか。殺したら処罰されるからだろうか。では、処罰されないとしたらいそいそと殺し始めるのだろうか。あなたの子どもが、あなたのでなくても子どもが、あるいはあなたにとって大切な人が、人を殺そうとしていたら止めないだろうか。「正当な殺人」と認められるような場合でも止めないだろうか。

わたしは止める。一応は止める。激情にかられた行動であったとしたら間違いなく止める。止めないとしたら、冷静な熟慮の結果、正当な目的と信念のために殺そうとしている場合だけだろう――そんな場合がありうるとして。

なぜ止めるのか。その答えが「人は、人を殺すことによって大切な何かを失うと感じるから」ということなのだ。殺すという行為そのものが、殺す側の人間を傷つけるのではないかと考えるからだ。

死刑を行なうということは[5]、義務として人を殺す人が必要だということでもある。死刑執行人、という職業は電話帳にも公文書にも載っていない。拘置所の刑務官が執行を命じられることになる。

刑務官の職務は、「牢番」ではなく罪を犯した者の更生を助けることである、といわれる。死刑囚の身の回りの世話をするのも刑務官の役目である。人間だから情も移る。深い心のつながりが生まれる場合があることを想像するのは難しくない。死刑囚の中には、著しい改善を示す例があるという。いわゆる「仏様」のようになる者がある。そうした者も殺さなければならない。

もちろん、死にたくないと暴れる者もいる。許してくれと泣き叫ぶ者もある。殺さなければならないのは同じだ。恐怖のあまり腰が抜けて立てなくなる者もある。どんな状態でも、処刑場に連れて行かなければならない。ひきずってでも連れて行って、首に縄をかけなければならない。

そして、そのときが来る。

吊り落とされてから、激しい痙攣が一分から一分半くらい続く。もう死は定まっている。それでも、体はなお生きようとしてもがく。歩くように、泳ぐように手足が動く。左右の半身が別々に動く。もう人間の動作としてのまとまりはない。多量の出血、失禁。顔面の筋肉が痙攣する。そして……。

刑務官は、ときにひどい罪悪感に悩まされるという。ガンになったのも当然と語った者がいる。普通の子どもが生まれるはずがないと悩んだ者がいる。それだけではない。「汚い仕事」として子どもまでもが差別されたことがあるという。

罪悪感に悩む必要はない。それは殺人ではなく死刑の執行である。そう言うのはたやすい。また間違いでもない。だが、どうことばを言い換えようと現実にやっていることが変わるわけではない。名前がどうかとは関係なく、それがひどい苦痛であることはそんなに想像しにくいことだろうか。自分が世話をしてきた者は[6]、「凶悪犯罪者」だ、というのは、人から聞いた情報でしかない。目の前にいるのは、長年の恐怖に憔悴《しょうすい》して年老いた、もはや抵抗できない人間なのだ。

死刑を行なうならば執行者が必要だ。その仕事を自分で引き受けることができるだろうか。わたしはとてもできないと思った。そして、それを人に押しつけることは、それ以上にできない話だと思った。

こんなことは、無邪気に死刑を当然と思っていたときには全く思いもしなかった。何も知らないから、死刑に賛成できた。わたしは、死刑とそれにかかわることについて知れば知るほど死刑廃止に傾いていった。そして、死刑廃止を主張する論文を書くことを考えた。だが、まだどこかしら、引っかかるものがあった。

†被害者感情

被害者(遺族)感情、というのは、死刑の問題を論ずるときに必ず口に出されることだけれど、これについてもわたしはずいぶん単純すぎる考え方をしていたと思う。そのことに気づかせてくれたのは、次のような例を知ったことだった。

七歳の娘を誘拐され、強姦され、殺された母親であるマリエッタ・イェーガーさんは、次のように語った。

死刑を存置すべきだという人たちがよくいうのを聞きます。正義のために死刑が必要なんだと。しかし……仕返しとして人を殺したとしても、わたしの幼い娘を失ったことに替えることはできない……。誰かを殺すことによって正当な復讐が遂げられたのだということは、彼女の命のはかり知れない価値を冒瀆することに他なりません。

スージーの名によって誰かを殺すこと、それは彼女の命と心の善さ、豊かさ、素敵さ、美しさ、それら全部を冒瀆し、その神聖さを汚すのです……すべての生が神聖で大切にされなければならないと言い続けることができれば、彼女の生をもっと長く記憶することができると感じるのです。[7]

わたしは、こういう考え方自体はすでに知っていた。だがその意味は全くわかっていなかったのだ。その違いをわかっていただくためにはもう少し説明が必要だろう。

彼女は、犯行の当初、犯人を激しく憎んだという。素手でも殺してやりたいと思ったと。笑いながら殺せると思ったと。

そして同時に、憎しみを乗り越えて許すことこそとるべき態度なのだということも感じていたという。ある夜、彼女は憎しみと良心の戦いを経験した。それは人生の中で最も困難な戦いで、一晩中苦しんで、許すことを決断して、それでもまだ苦しかったという。

その後の出来事はほとんど奇跡といってもいいかもしれない。

犯人はマリエッタさんをいたぶりからかうために電話をかけてきた。その犯人を彼女は人間として扱い、優しいことばをかけた。犯人は、驚き、戸惑い、そして話を続けた。長い時間、話をした。そしてこの電話がきっかけで犯人が特定された。捜査を受け、しかし嫌疑が不十分だった犯人は、それでもまた電話をかけてきた。疑われていることを知りながら、かけずにはいられないようだった。

彼はマリエッタさんによってはじめて人間として扱われた（そう感じた）。人間として扱ってもらえる唯一の機会を彼は放棄できなかった。だから、危険を忘れて電話をかけ、話をしないではいられなかった。そしてその話が元でついに彼は逮捕されることになるのである。

息子を強盗に殺された母親であるドロシア・モアフィールドさんも死刑に反対している。(8) 彼女も、はじめは犯人をひどく憎んだという。憎んで憎んで、憎しみで心がぼろぼろになって、あるときふと気づいた。自分はいま愛する息子のことをほとんど考えていないじゃないか。それから、犯人のことを考えるのをやめ、息子のことだけを考えるように努めた結果、心に愛が蘇ってきたのだという。〝憎しみをなくせば、許す必要もないのです〟。このことばがとても印象に残っている。彼女が死刑に反対するのは、自分が人殺しに参加するのがいやだからだ。

憎しみは、憎んでいる本人を最も傷つける。このことについてわたしは十分に考えていなかった。被害者の感情というとき、知らず知らずのうちに自分の感情を投影し、わかったつもりになっていたのではないかと思う。愚かで傲慢だった。

†われわれは凶悪犯罪者を殺したいのか

彼女たちの話を最初に知ったとき、わたしはとても心打たれた。そして、憎しみを克服した彼女たちを尊敬した。だが同時に思った。わたしは彼女たちのようには感じないだろうと。

本当にそうか、というと、いちばん正直な答えは、〝そのときになってみなければわからない〟だろう。だが、一つはっきりしていることがある。それは、わたしは「許すことが正しい」とは考えていないということだ。自分にとって大切な存在が殺されたとしたら、激しく相手を憎むだろう。相手が罪を心から悔いていれば許せるだろうか、というと、断言はできないけれど、やっぱり許せないような気がする。心の中で許してはいけないという声がしそうな気がする。許してしまっては、無惨に殺されたあの子に申し訳がないというような、不合理なんだけどどうしようもない感情に支配されてしまいそうな気がする。

——それはあなたを不幸にする間違った考え方だ。憎しみを捨てることによってなによりもあなた自身が救われるのだ。(9)

仮にそういうふうにいわれたとしても、救われたくなんてない、と答えてしまいそうだ。ただただ憎しみに身を灼いていたいのだ、憐れみたいならどうぞご勝手にと、そういう風に思う場合があると感じる。もっとも、これも人を憎む苦しさを実感していないからいえるたわごとなのかもしれないのだが。

念のためにいっておくと、ここでの「許す」は心理的な意味でだ。法律的な意味で許すかどうかなんてことはそもそも問題にならない。当たり前のことを確認するのは、この二つを混同している意見を目にすることがけっこうあるからだ。死刑に賛成する理由として、「凶悪な犯罪は絶対に許すことができない」という類の理由をあげるのは的外れだ。死刑に反対する人間は、処罰に反対しているのではない。実際、先のマリエッタさんは処罰を望み、捜査に協力したから犯人が逮捕された。死刑を維持するかどうかは、「われわれが凶悪犯罪者を殺したいかどうか」の問題なのである。

わたしは、そしてたぶん、われわれの多くは、殺したくなってしまうのだ。それは野蛮だ、間違いだ、といわれても、そういう感情が起きてしまうこと自体はどうしようもない。醜い顔つきの人を見ると、醜いと感じてしまうことと同じだ。感じることはコントロールできない。そして、だからといってその感情をストレートに表現したり、行動に表したりしていいことにはならないことも同じだ。

では、その感情を理性的にコントロールできるだろうか。そのときにならなければ、わからない。だが、できない場合もありうると感じている。ただし、本当に憎んだ場合にわたしは死刑を望まない。本当に憎んだら、自分の手で殺す。はらわたを引きずり出し、食いちぎる、とまではやらないだろうけれど、国家に殺してもらおうなどとは思わない。わたしは自分にとって本当に重大で個人的なことを国家に委ねるつもりはない。だから、本当に憎んだ場合にこそ死刑に反対するだろう。そいつはオレの獲物だ。殺す権利があるのはオレだけだ。国家が奪うことは許さない。

例外と尊重と

以上のように、被害者感情といっても簡単にひとくくりにはできない。マリエッタさんたちのように、同じ人であっても、時間の経過により感情が変化するときもある。被害者感情を根拠に死刑を肯定するのはいささか乱暴すぎる。〝被害者はすべて、加害者を憎み死刑を望む〟という想定は、事実として間違っているのだ。

ただし、死刑を望まない被害者は少数の例外かもしれない[10]。そして、例外を標準にして制度を作るのは適当ではない。このこともよく認識しておく必要があるだろう。

そして、さらに重要なのは、例外だから尊重しなくてもよいということにはならないということである。自分とは感じ方が違うという場合は否定し、自分と同じ感じ方の場合は尊重するというのなら、それは被害者感情を尊重しているのではない。自分の感情を尊重しているだけだ。問題は、少数かどうかではなく尊重に値するかである。

そして、「人を殺すことへの嫌悪感」は、(異端として敬遠的に)尊重するに値するというだけでなく、むしろ積極的に社会に広めるべき感覚ではないか。

自分にとって大切な人を殺されれば、殺したものを憎むのは自然である。だが、その憎しみに社会が手を貸すことが正しいといえるか。重要なのはむしろ殺すことへの嫌悪感をはぐくむことではないのか。そのためには、社会が殺すことを一切やめるべきではないか。殺すことは、正当防衛のような緊急のやむをえない場合を除いて、あらゆる場合において嫌悪すべき犯罪であるとするのがよいのではないか。憎悪に正義の仮面をかぶせて人を殺すことは、一切なくすべきではないのか。

もう一度確認しておこう。「殺すことへの嫌悪感」と「殺される者の価値」との間には必然的な関係はない。死刑に反対することは、死刑になる者への同情や憐憫《れんびん》に基づいている必要はない。ゴキブリを素手で食卓の上でたたきつぶすことを考えてみるといい。そんなことは気持ちが悪いからやめてくれ、というのは、別にゴキブリに価値があるとかかわいそうだとかいう理由からばかりではない。

人を殺すのは気持ち悪い。抵抗できない人間を殺すのはぞっとする。これは殺される人間の価値とは別に成り立ちうる感覚なのだ。

†感情論を超えて

死刑に反対することは、被害者（遺族）の悲しみに対して無理解・無感覚であるということでもない。その苦痛を十分に理解し、憎しみに大きな共感をもっても、希望を叶えられない場合はある。

　医療過誤の場合を考えてみよう。医師が酔っぱらって手術をしたせいで、本来簡単に治るはずの目の手術が失敗し、失明してしまったとしよう。その患者が怒り、その医師を憎むのは全く自然だろう。だが、その患者がその医師を自分と同じ身体にせよ、目をつぶせ、と主張したらどうだろう。じつは、そういう類のことがいわれるのは、それほど珍しくないそうだ。だが、いかに患者の苦しみが理解でき、その憎しみが当然だと思っても、その希望を叶えるわけにはいかないだろう。

　そしてここでまたもう一度確認しておきたいことがある。それは、人により考え方、感じ方はさまざまであり、憎しみを克服しあるいは折り合いをつけるやり方も違っていて当然だということだ。

　わざわざこんなことをいうのは、被害者の遺族が死刑を望まない場合に、非難や中傷を受けることがあるからだ。死刑を望まないなんて、オマエは被害者を愛していないんだろう、というような。かわいそうな被害者、残忍な犯罪、悲しんで死刑を願う遺族、処刑される極悪人。マスコミがそういう筋書きを描こうとしていると感じたことさえある。

　そういう非難が不当であることはもっと野蛮な側からの次のような非難が正当かどうかを考えてみればよくわかるだろう。「本当に被害者を愛していれば、自分で殺そうとするはずだ。死刑を望むようなヤツは被害者を愛しているとはいえない」。

死刑に対しては、さまざまな人がさまざまな思いを抱いている。自然な憎しみから死刑を望む者もいれば、殺人への嫌悪から反対する者もいる。そのどちらも尊重するに値すると考えるならば、感情は死刑の存廃について結論を出す決定的な要素にはなりえない。だから、決定的なのは死刑が罪なき者の生命を犠牲にするということだとわたしは考えた。

被害者(遺族)の感情がいかに痛切であろうと、われわれが深く共感しうるものであろうと、感情を満たすために、罪のない者の命を犠牲にすることは正当化できない。感情のままに罪のない人間の命を奪うのなら、凶悪犯罪者とどこが違うのか。

†「正義」の名の下の殺人

――あなたには何でもしてあげたいと思います。凶悪犯罪者の死と苦痛だけを差し上げられるのなら差し上げたいと思います。でも、罪のない人の命を差し上げることだけはできません。

いかにむごいようでも、言いにくいことでも、正しいことははっきりと言わなければならない。

確実に真犯人である場合にだけ死刑にする。そういうことができるならば話は簡単である。しかし、われわれは誤り多き人間なのだ。千人が千人とも、万人が万人とも確実に犯人だと思っても、それが確実だという保証はない。人間が人間を裁くことを大それたことと思う必要はないとしても、自分の判断を完璧だと思うのは不遜で愚かだろう。たとえ能力が限られていても、なすべきことはなさねばならない。だが、自分の限界に対しては謙虚であるべきだ。真犯人をつねに確実に識別できるなどと思うのはあまりに傲慢である。

だが、罪なき者の命を犠牲にするのは、われわれの社会ではごく普通に行なわれていることではないだろうか。第6章で述べたように、われわれの交通ルールは、罪のない人間が交通事故で死ぬことをできる限り少なくしようとはしていない。快適な運転のために、罪のない人間の命を犠牲にするルールになっている。それと死刑とでは何が違うのであろうか。

大きな違いは、交通事故は事故が起こったことはその場ですぐ明らかだということだ。加害者は速やかに責任を問われることになる。これに対し、誤判は、誤判であることを明らかにするために、長年の歳月と膨大な労力が必要である。そして、誤った判決を下した裁判官は責任を問われず、でっち上げを行なった捜査官が処罰されることもない。

「正しさ」の観点からして重要なことは、交通事故は「正義」の名の下に行なわれてはいないということだ。「正義」の名の下に罪のない者の命を奪うこと以上の不正があるだろうか。死刑を行なうことは他の社会制度と同列に論じることはできないのだ。

こうして、一時的に死刑を廃止すべきだと考えていたわたしだが、まだ心に引っかかるところがあった。それは、ただ死刑を廃止するだけでは「ときにどうしようもなく人を憎んでしまう人の心のありよう」を無視することと、けっきょくは同じになってしまうということだ。

†もうひとつの偏見

もちろん、人間の力には限界がある。いかに同情しようとも、できないことはできない。真犯人を確実に知ることは永遠にできないだろう。これは理論的な限界なので超えようがない。人間が過ちを起こさないということを人間が証明することは理論的に不可能である。

とはいえ、ほんとうに何もできないのか。

被害者遺族が犯人を憎み、自分の愛する者を殺した人間が生きていることを許せないと思うことは自然だと思える。人を憎んで死を願うことは、正しいとはいえないかもしれないが、この場合は間違っているともいえないだろう。そして、被害者遺族の感情に配慮することは社会的に望ましいことだということさえできるだろう。もちろん、死刑をその唯一の手段と考えることは間違っている。だが、一つの手段として考えることは間違いではないだろう。それで解決とはいかなくても、被害者遺族の気持ちに区切りをつけることができるなら、それだけでも手段としての意味がある。

――「犯人」は、被害者の命を奪い、そのすべての可能性を否定したのだから、「犯人」を殺すことが被害者遺族のために役に立つなら、そうすればよいのではないか？

だが、これが正しいとしても、われわれには「犯人」を確実に識別することができない。間違って、無実の人間を「犯人」と思いこんでしまうかもしれない。

罪なき者の処刑は、抽象的な可能性である。それに対し、被害者遺族の苦しみは現にわれわれの眼前にある。こういうとき、どうしても目の前の現実に引き寄せられてしまうとは致し方のないことだろう。とはいえ、第三者には抽象的可能性でも、無実の罪で処刑される人間にとって、それは最悪の現実である。自分に都合が悪い可能性だからといって目を閉ざしてしまうことはやはり正しくないだろう。罪なき者の処刑は、「人間の（消極的）尊重」という重要な原理に反するものだから。

これでは堂々巡りだ。だが、この問題について考え続けているうちに、わたしは、いくつかの点で偏見にとらわれていたことに気づいた。死刑に賛成しているつもりだった時期も偏見にとらわれて、死刑について正しく認識することができていなかったのだが、そこから解放されて死刑に反対するようになった時期は、また別の偏見にとらわれていたのだった。無意識のうちに、現状を固定して考え、それを前提に死刑の正当化は不可能だという結論を下していたのだ。

死刑は罪のない人間を処刑することを受け入れることなくして行なうことはできない。それはその通りだ。だが、それを受け入れることが正当化される状況というのはじつは考えられる。単に、多数派のために少数者に犠牲を強いるというのではなく、自分や家族が犠牲になるリスクを引き受けることが合理的な選択になる状況を想定することは可能だ。

わかりやすい例を挙げよう。死刑を行なわなければ、破壊と混乱が続き、その結果多くの人命が失われるような状況だ。革命が起きたとき、旧勢力のボスを処刑しなければ、奪還されて内乱が続くかもしれないというような――ルーマニアでのチャウシェスク処刑のことを考えれば、こういう状況を想定することは必ずしも非現実的ではないとわかるだろう。もちろん、それ以外にもさまざまな想定ができる。

そこまで大きな効果がないとしても、死刑に殺人抑止力があり、死刑の「見せしめ効果」により殺人事件が減少し、多くの人の命が救われるとしたらどうだろう。死刑があることにより、自分や家族が無実の罪で処刑される可能性が生まれるとしても、死刑によって自分や家族の生命が守られるならば、無実の罪で処刑されるリスクを引き受ける意味はあるだろう。

わたしは、これらの可能性を、現状から考えて非現実的だと判断し、無意識に排除していた。そのことに思い至ったわたしは、その考察を論文[11]にまとめた。

†合理的な死刑制度

この論文の詳細についてここで説明することはできない。不本意ながら、興味のある人は論文を参照してほしいという他ない。重要な二点について言及しておこう。

日本には死刑制度がない。死刑という刑罰はあっても、有罪の判断が他の裁判よりいっそう正確に行なわれることを保障する法制度がない。誤判で死刑になる可能性を可能な限り低くできる合理的な死刑制度を作ることは、死刑に賛成する者にとっても反対する者にとっても現状の改善となるだろう。

わたしが設計した制度のポイントを一つだけ書いておくことにしよう。それは、殺人などの死刑を科しうる犯罪と、そうでない犯罪とで、要求する立証のレベルを変えることである。

タイムマシンがない以上、われわれは過去の事実を直接知ることはできない。過去に実際に何が起こったかは、証拠をもとに判断する。すべてのことに証拠を集めることは不可能だし、犯人の内心の状態のように、証拠が残らないようなものもある。完全な証拠によって、完全に事実を再現することは不可能なので、ある程度証拠がそろっていることで有罪にする。どこまでそろっていることが必要かの線引きが、立証のレベルの設定である。借金の返済のような民事事件よりも、犯罪者を処罰する刑事事件のほうが要求される立証のレベルは高いことになっている。

さて、刑事裁判では、まず被告人が実際にあることを行なったかどうかという事実の問題を判断し、行なっていたと判断された場合に、それがどういう犯罪に該当するか、どれほどの刑罰を科するのかという法律問題を判断することになる。死刑についていうなら、まず被告人が人を殺していたかなどの事実を判断してから、殺人の罪などで死刑にするかどうかなどの判断をすることになる。そして、犯罪事実が非常に悪質な場合には、ほぼ自動的に死刑が決まってしまう。たとえば、何人もの人間を残酷に殺していたような場合だ。

この場合、事実が確かならよいのだが、この確かさは先に述べたように程度問題であって、絶対確実な場合などないのである。証拠は、先例からしてここまでそろったら有罪というレベルは超えた。だが、ひょっとしたら無罪ではないかという可能性を捨てきれない。そういう場合、疑問を残しながら死刑にするしかないのだ。実際、元最高裁判事の団藤重光氏は、「一抹の不安」を残したまま死刑判決を下したことがあると著書に書いている。(12)

こういう、いままでの例からして証拠はそろっているが、死刑という取り返しのつかない処分をするのは不安だ、という場合、罪一等を減じて終身刑、ということは現在の制度ではできない。わたしが設計した制度はそれを可能にするものであった。(13)

死刑に特別な殺人抑止力があることは証明されていない。死刑を行なうことが、殺人を増やしている可能性もある。(14) このような、証明することが不可能に近い問題を、安易に「信念」の問題に転化せず、合理的に処理することは可能である。

†人間は合理的でないから

論文で、わたしは合理的な制度設計を行なったが、それに対し、「人間は合理的ではない」という批判を受けることになった。冷酷無情、合理主義のお化け、社会の問題から感情を切り離して数学の証明のように扱っている、というようなものもあった。

この種の批判（非難？）は、それ以後もつねにわたしの論考に加えられてきたものだ。だが、被害者に同情することと、情に流されることは同じではない。合理的に考えることと、情を無視することもまた同じではない。人間は感情を備えた存在であり、そのことを無視することは不合理なのだ。わたしはそのことを承知したうえで論考を行なっていた。(15)

人間が不合理であるからこそ、制度は徹底的に合理的でなければならない。自動車のことを考えてみよう。人間が不合理だということで、ハンドルを右に切ったら、ときどき左に曲がり、ブレーキを踏んだら加速するような自動車の設計は正当化できるのだろうか。話は逆だろう。人間が不合理で誤り多き存在であるからこそ、その不合理と過ちを適切にアシストできるように、徹底的に合理的に制度を設計すべきなのだ。

合理的な死刑制度により、罪なき者が処刑される可能性に目を閉ざすことなく、その可能性を「無視できるほどに」引き下げることが可能なのである。

†暴力の管理

われわれは、暴力を否定できない。悪いやつを「ぶっ飛ばして」手っ取り早く問題を片づける誘惑から逃れられない。では、せめて、もはや抵抗できない人間を殺すことはやめる、ということは受け入れられないだろうか。捕まえて閉じこめてしまうだけでなく、血を見ないと収まりがつかないのだろうか。

——正当防衛の場合のように、〝どうしても殺さなければ、殺されることを止めることができない〟、そういう場合以外、人を殺すことはいっさい認めない。どんなに凶悪な犯罪者であっても、逮捕されて無力化されたら殺さない。殺さないのは、凶悪犯罪者に生きる価値があるからじゃなくて、人を殺すことが気持ち悪いことだからだ。悪いやつなら殺してもいい、口実がつけば殺してもいい、そういう考えこそ否定すべきだ。殺すことはすべて悪だ。

そう言い切ることができればじつに話は単純になる。だが、これは主張ないし提案であって現状の記述ではない。われわれの文化は、極悪人を殺すことを肯定する文化である。悪いやつがぶっ飛ばされるとスッとする。では、悪いやつを殺すためには、罪のない者も巻き添えにせざるをえない場合はどうか。憎悪が爆発するとき、視界は赤く染まり、殺したい相手は見えても、傍らにいて巻き添えになる罪なき者の顔は見えないのだろう。

無条件に死刑を肯定することは、報復攻撃として空爆を行なうことを肯定することと同じである――必然的に巻き添えになる、罪なき者の生命を奪うことを認める、あるいは無視するという点においては。

罪なき者を巻き添えに殺すことになっても極悪人を殺したいのか。おそらくこれは、多くの人にとって、明確に問われず、答えられていない問題である。誤判の問題について承知している死刑存置論者においてさえ、この問題は（おそらく心理的な問題で）真剣に受け止められていないように思えるときがある。わたしの論文では、罪なき者の生命という「隠されたコスト」を明確にすることに注意を払った(16)。

殺すことを否定しない文化の中で、国家だけが合法的な殺人を行なうことができるというのは、最大級の暴力・殺人を管理する一つのやり方だ。暴力は規範によって厳格にコントロールされるなら、暴力でなくなる。犯罪が起こったとき、規範に従って事実を確認し、悪質な場合にのみ死刑を科するというやり方は、素人が怪しい者を断罪してリンチをする場合と比べて、はるかに抑制された力の行使である。(17)

†暴力の未来

いまよりずっと「文明的」な社会を想像してみよう。そこでは、ほとんどのすべての人が暴力を嫌悪している。どんな人間でも、仮にそれが凶悪犯であっても、故意に人を殺すなんて、考えただけで寒気がする。ごくごく例外的な凶悪犯は、人間としての感覚を失った病人として治療を受ける。そして完治するまでは病院に入れられる。完治しなければ出られないが、それは危険な伝染病にかかった人の場合と同じだ。

わたしは、そういう社会はとてもいい社会だと思う。そこでは、暴力的な犯罪はほとんど起こらないだろう。暴力を不愉快に感じ、他人への苦痛を自らの苦痛として感じる感覚を養うこと、そうすることによってそういう社会に近づいていくことができればすばらしいことだと思う。

では、死刑を廃止することは、そのための有効な手段であるといえるだろうか。死刑廃止論者にはそう考えている者もいるかもしれない。だが、わたしはそれは疑問なのだ。これは多くの死刑存置論者・廃止論者に共通して感じることなのだが、死刑の問題を過大に考えすぎているように思う。死刑はそれ自体としてはそれほど重大な問題ではない。この問題について考えていて感じたことだ。矛盾しているように聞こえるだろうが、それが死刑に関する論文を書いた重要な動機の一つだった。死刑は、もっと広い視野の中で考えたときに重要な問題になるのだ。

たぶん、死刑を廃止してもわれわれの社会が大きく変わることはないだろう。ブラウン管の中でヒーローが悪を殺し続け、バイオレンスが映画や小説のジャンルとして確立している限り。われわれにとってそれらが嫌悪すべきものでない限り。

そして、仮に死刑の廃止が、人を殺すことへの嫌悪感を高め、平和な社会への道を開く手段として有効なら、多くの人びとの意思に反しても実行すべきだろうか。フランスは、世論調査では六〇パーセント以上の市民が死刑を支持していたにもかかわらず、死刑を廃止した。

たしかに世論調査を鵜呑みにするのは誤りである。誘導尋問的な調査が可能だし、何より、聞かれていることについて十分理解しないままに答えていることがほとんどだろうからだ。だが、この問題は死刑に限ったことではない。年金制度にせよ、財政問題にせよ、十分に理解している市民は少数だろう。だからといって、政治家が市民の意思を無視してよいということにはならないはずだ。

政治家は選挙で選ばれた市民の代表であるが、その選挙も世論調査と同じ問題を抱えている。あらゆる争点についてよくわかったうえで投票している市民はほとんどいないだろう。そして、仮にあらゆる争点について熟知していても、それらについて自分と全く同じ見解をもつ候補者を選択できない場合がほとんどだろう。

ではどうすべきか。簡単にいえば、高く理念を掲げ、対話によって市民を説得する、ということになるだろうか。それは政治家の役割だ。本書で説明しているような、規範理論（哲学）の役割は、問題と自分自身についてあなたがいままでよりよくわかるようにすることだと考えている。本章で簡単に振り返ったように、わたし自身、死刑がどのようなものか、ほとんど何も知らずわかっていなかった。さまざまな事実を知り、考えを深めることにより、自分がなにを望み、どのようにそれを制度に結晶させるべきかがわかったのだ。

死刑についていかなる結論を下すにせよ、死刑がどのようなものか、自分は何を望んでいるのかをよく承知したうえで下されるべきだろう。本章がそのためになにがしかの助けになることを願ってやまない。

註

(1)作者はコードウェイナー・スミス。『年刊SF傑作選(2)』(東京創元社・創元推理文庫)所収。

(2)いまでも正しいとは思わない。人格の強制的変更は、ある意味で死刑よりもたちが悪いとさえいえると思うからだ。

(3)このときはまだ考えが甘かった。後に、わたしは正しい裁判で無実の人間を有罪にする必要があることを論証することになる。この点について詳しくは本章の註(16)を参照。

(4)ドストエフスキイ『カラマーゾフの兄弟(中)』七九頁(北垣信行訳、講談社文庫、一九七二年)。

(5)日本の死刑執行は極端な密行主義をとっており、全く公開されていない。そのため、ここでの記述は関係者の語ったことを中心にまとめたものである(主として、村野薫『死刑執行――ドキュメント』(洋泉社、一九九五年)を参考にした)。それらの話は微妙に食い違っており、ここでの記述も十分に正確なものではないかもしれないことはご承知いただきたい。

(6)日本の現状では、判決確定から執行までに七、八年程度かかるのが通常である。判決確定も、犯行から数年、ときには一〇年以上の後のことだ。

(7)「復讐からは何も生まれない」『死刑の現在』(日本評論社、一九九〇年)所収。

(8)『死刑の現在――今、何が行なわれているのか』(太田出版、一九九四年)記事より。

(9)実際、被害者学でも、究極の目標は被害者(遺族)と加害者の和解である、みたいなことがいわれることがある。わたしはそういう考え方を否定するつもりは全くないのだけれど、少なくとも周りが和解を押しつけるようなことはするべきでないと思う。

(10)死刑に反対する犠牲者(遺族)が、本当に少数の例外かは確認されていない。だが、ここではそのことは問題にしない。この問題に限らず、本書はあることが事実かどうかを論じるものではない。本書の主題はあくまで、あることが「正しい」かどうかなのだ。

(11)発表時の都合で二つに分けることになった。

小林和之「不合理な選択としての死刑――『神々の戦いの前に』」法哲学年報一九九四年号、一九九五年

小林和之「生命に対するリスクと刑罰システム――死刑の損益分岐点」阪大法学第四六巻六号、一九九七年

なお、両者は、わたしのウェブサイト "http://thinker.jp/tls" からダウンロードできる。

(12)団藤重光『死刑廃止論』第六版(有斐閣、二〇〇四年)。

(13)ここで述べているのは非常におおざっぱな話で、おそらくさまざまな疑問を誘発してしまうのではないかと思う。その場合には、註(11)の論文を参照してほしい。学術論文は読みにくいと考える場合には、わたしが将来書くかもしれない『死刑存置論』(タイトルは未定だが、たぶんこれが面白いだろう)を待ってほしい。ただし、書くと約束はできないのだが。

(14) W.J.Bowers,'The Effect of Execution is Brutalization not Deterence' in K.C.Haas and J.A.Inciardi (eds.), *Adjudicating Death* (1989). Dane Archer and Rosemary Gartner, *Violence & Crime in Cross-national Perspective* (Yale U.P.,1984) [アーチャー、ガートナー

『暴力と殺人の国際比較』影山任佐監訳、日本評論社、一九九六年」。

(15)冷酷無情という評価を受けたのはある意味で名誉なことだ。いかに個人的な思い入れが強いものであるとしても、問題の分析と処理にあたっては、感情に揺るがされてはならないからだ。また、個人的感傷を書くのは恥ずかしいことであると思う。しかし、わたしの意図を正しく伝え、問題の理解を助けるという意味ではやはりその部分を切り落とすのはマイナスかもしれない。そういう考えから、本章ではあえてそれを書くことにした。このことは一つの実験である。

(16)誤判が必然という表現は、じつは適切ではない。誤判は単に避けられないというだけではない。われわれは、無実の人間を刑に処することを必要としている。しかも、その数をできる限り少なくすることは、望ましくないのだ。

冤罪を戒めることばとして〝一〇人の犯人を逃しても、一人の無実の者を処罰するな〟というものがある。だが、無実の人間の処罰を恐れるあまり、あまりに厳格な立証を要求すると、実際に犯罪を行なった者に無罪の判決を下すことになってしまう。罪なき者の処罰を避けるためにほとんどの犯罪者を処罰しないことは、倫理的な悪ではないかもしれないが、刑事政策としてはやはり望ましくない。

比喩的にこういうとわかりやすいかもしれない。有罪のために九九パーセントの正確さを要求するなら、九八パーセントの確かさで犯人である人間には無罪判決を下すことになる。それでいいだろうか。そして、九九パーセントの正確さを求めてさえ、一パーセントの誤りは許容することになる。戦後の死刑執行者数は約六〇〇名。つまり、六人までは無実の罪で処刑されていても仕方ないことを認めることになる。

　無実の人間を処罰しないことと、真に犯罪を行なった者を逃がさないことのバランスを考えるとき、死刑とそれ以外の刑罰で立証の要求水準を変えることが合理的なのは右の比喩で考えるとわかるのではないだろうか。無実の者を死刑にしてしまうことは、取り返しのつかない不正である。無実の罪で処罰された者が生きている限り、不十分かもしれないが償いを考えることができる。

　死刑判決にだけは、九九・九パーセントの正確さを要求し、それ以外にはもう少し不正確でもよいとすることは、取り返しのつかない誤りを避けるとともに、ほんとうに罪を犯した者を逃がさないための工夫なのである。

　繰り返すが、ここで述べているのは非常におおざっぱな話なので、詳しいことは註(11)の二論文をご参照いただきたい。
(17)ある意味で、ボクシングはもっとも暴力から遠いスポーツかもしれない。ボクシングでは、足で蹴ったり首を絞めたりしてはいけないことは誰でも知っているだろうが、それ以外にも、さまざまな攻撃を制限するルールがある（身体の前半面以外を打ってはならない、ダウンした人間に追撃を加えてはならないなど）。単に暴力的な人間はボクサーになれない。自らを律し、厳しいトレーニング、そして苦しい減量に耐え、力を憎しみではなくルールに従ってのみふるうボクシングは、力が見事に規範によって統制された美しい姿を示しているということもできるだろう。

第9章　国家とは何か

†愛国心の解体と再構築

愛国心から話を始めよう。国家をとりまく〝もやもや〟を取り払うには、それが一番いいだろう。

愛国心は、軍国主義を連想させるために長らくタブーとされてきたことばである。第二次大戦中に、多くの人びとが国に命を捧げることを強いられたことを考えれば、愛国心に強い嫌悪感を抱くことも不思議ではないかもしれない。ところが、戦後半世紀を経て風向きは変わった。二〇〇三年三月二〇日、中央教育審議会は、教育基本法を全面改正し、「国を愛する心」（愛国心）を盛り込むよう求める答申を文部科学大臣に提出した。

いや、それどころではない。法律改正前に事態はすでに動き出していた。通知表の評価項目に〝「国」や「日本」を愛する心情〟を盛り込んでいる公立小学校が、少なくとも一一府県二八市町・一七二校にのぼることを二〇〇三年五月三日に朝日新聞社が報じている。国を愛さなければよい成績がとれないわけだ。

二〇〇三年前半の出来事として、有事法制、自衛隊海外派遣とつなげていくことにより、思想・良心の自由の否定から軍国主義の強化、という筋書きを暗示することはそう難しいことではない。

愛国心を抱かせるということが、〝食肉工場に喜んで引かれていくブタを育てる〟ことだったり、〝命令があれば、疑問をもたずに毒ガスを撒いて人を殺す〟ことだったりでしかありえないとしたら、警戒するのは当然だろう。

だが、それが愛国心の唯一のあり方だろうか。独裁国家の「愛国」と民主主義国家の「愛国」は根本的に異なるものでありうるはずだ。独裁国家では〝独裁者＝国家〟だが、民主主義国家では〝国家＝市民〟ではないのか。(1)

そして、愛国心を否定することはそもそも可能だろうか。〝群れを作る動物〟である人間にとって、集団への帰属意識と愛着は必然かもしれない。スタジアムに詰めかけて日の丸の旗を振る人びとは強制されているわけではない。マスコミに踊らされている面があるとしても、マスコミも意のままに人びとを踊らせることはできない。人が踊る踊りと踊らない踊りがある。〝愛国心〟が、〝踊らせやすい＝踊りたい踊り〟であることを否定できるだろうか。

そして、否定できないとしたら、賢く利用すべきだろうか。排外的な〝悪い愛国心〟と同胞愛としての〝良い愛国心〟とを区別し、後者を育てていくことに努めればよいのだろうか。だがしかし、そんなことははたして可能なのか。身内意識と排外性はやはり結びついているのではないだろうか。

こうした疑問を解きほぐすためには、「愛国心」や「国」といった、しばしば故意に曖昧にされている概念を明らかにしていく必要があるだろう。国とはいったい何で、国を愛するということは、いったいどういうことなのか。

†愛国者とタイガースファン

考えてみれば、ファン心理というのは不思議なものである。

しばしばファンは、アカの他人のすることに異様に執着したり、わがことのように一喜一憂する。親兄弟以上に気にかけているんじゃないかと思われる場合さえある。ファンでない者からすると〝あんなのどこがいいんだ？〟というような稚拙な人・モノ・パフォーマンスに狂喜する。

さて、これを滑稽と笑うのは簡単なのだが、そう笑う本人は〝不合理な愛着〟を全く抱いていないだろうか。対象や現れ方は違っていても、多かれ少なかれ他人からは理解できない愛着をもっているのは不思議なことではないように思う。純粋に合理的な判断だけで生きているとしたら、そのほうがむしろ風変わりだろう。

わたしが不思議だと思うのは、〝集団のファン〟の心理である。たとえば、阪神タイガースのファンは、いったい何が好きなんだろう。いや、めったに優勝できないような万年Bクラスのチームのどこがいいのか、という話をしようというのではない。ジャイアンツのような強い球団のファンであっても、不思議なことには変わりはない。

いったい彼らが愛している対象はなんなのだろう。

不思議なのはその対象の曖昧さだ。阪神ファンは、何が好きなのかと聞かれれば〝阪神〟と答えるのだろうけれど、では〝阪神タイガース〟とはいったい何なのか。「これが阪神です」と人に見せられるような目に見える実体がないことは明らかだろう。法的な実体としては「株式会社阪神タイガース」がある。だが、阪神ファンは会社のファンではあるまい。社長や事務職員まで含めて阪神と名がつけばなんでも好き、という人はいるとしても例外だろう。

では、選手集団が対象なのだろうか。二軍の選手まで含めてすべての選手を知っている熱烈なファンはそう多くないだろうが、試合に出、TVに映り、マスコミによく取り上げられる選手集団（監督やコーチも含む）が、愛着の対象であるという説明は、それなりにもっともらしく聞こえる。

ところが、選手集団は一定ではない。毎年入れ替わっていく。件《くだん》の阪神タイガースは二〇〇三年優勝の前シーズンに監督が交替し、スタッフが大きく変わり、選手もかなりの入れ替わりがあった。三〇年前と比べるなら、同じ選手は一人としていないはずだ。選手集団がタイガースということなら、三〇年前のタイガースは、現在の球団とは全くの別物ということになってしまわないだろうか。

タイガース＝選手集団でないことは、次の例を考えてみればわかるだろう。

もし、タイガースの選手集団が、全員ジャイアンツの選手集団とそっくり入れ替わったら、タイガースファンは、選手集団を追いかけてジャイアンツファンになるのだろうか。縦縞のユニフォームの「六甲おろし」から、ジャイアンツのユニフォームに身を包んで「闘魂こめて」を歌うようになったとしても？

愛の対象が選手集団であるなら、そうなって当然だ。ある芸能人の熱心なファンは、その芸能人が所属プロダクションと芸名・衣裳を変えたからといってファンをやめたりはしないだろう。そのファンの愛しているのがその芸能人自身である限り、そうなるはずだ。

しかし、阪神ファンは、選手が全員巨人に移籍しても巨人ファンにはなりそうにない。もちろん、選手集団は愛の対象と無関係ではないだろう。たぶん、その中核とすらいえるはずだ。だが、ファンが愛するのは、選手集団には尽くされぬ何か、なのだ。

†国を愛する——二重の曖昧さ

タイガースファンが何を愛しているのかをひとことで言い表すのは難しい。おそらくそれはファンによっても違うだろう。その意味で、対象に曖昧さは残るのだが、おそらくファン自身にとっては明確な目に見えるコア（＝選手集団）がある。

では、愛国者にとっての国はどうか。

「国」とはいったい何だろう？　おそらくそれをスラスラと説明できる人は少ない。仮にできるとしても、「国とは……だ」とはっきり説明することは、「国とは何か」の客観的記述というより「国」についての当人の信念の説明になりがちだ。

だとすれば、愛国心は二重の曖昧さを抱え込んでいることになる。「愛」は「国」以上に説明困難な概念だ。曖昧な愛。曖昧な国。そして、対象の曖昧さは愛の曖昧さを加速する。愛はある意味で説明困難というより説明不要のものということができる。が、それは対象が明確な場合だ。恋人を、家族を、友人を愛するとき、そのことばの意味は説明しなくてもよい。人によって異なっていてもよいし、それが自然だ。愛は、明確な対象をもつとき、説明不要・語るは無粋の心情となると言っていいかもしれない。

では、対象不明の愛はそもそも愛たりうるのだろうか。こういう根本的な疑問はしばらく措くとしても、対象も心情も不明確なら、「愛国」を語ることの「ぶれ」は大きくならざるをえない。ある人が語る「愛国」と、別の人が語る「愛国」と、そして「国」が広めようとする「愛国」は全く別のものになるかもしれない。そして、この曖昧さは、しばしば故意に利用される――一部の人間に都合がいい考え方を押しつけるために。

†愛国心と教育

「神崎川を愛しましょう」とは、わたしが昔見たことのある立て看板だ。昔の神崎川のイメージが湧かない人は、「公害に汚染されたドブ川」と読み替えてもらうといいと思う。大学時代、「法は不可能を要求しない」という法諺《ほうげん》（法律に関する諺・格言）を知ったとき、この看板を思い出した。神崎川に限らず、法律で強制すればそれで「愛する」という気持ちが生まれるというわけではないだろう。

「自然を愛する気持ちを育てる」ということなら、不可能ではないかもしれない。都会を離れ、緑の多い郊外に出かけることは、多くの人にとってすばらしい経験で、そういう機会を多くもつことで、おのずと自然を愛する気持ちが生まれてくるということはありそうな筋書きだ。

とはいえ、この場合ですら落とし穴はある。雪国の人と暖かい地方の人間とでは雪に対する感じ方が全く違うというのと同じことが起こるかもしれない。豪雪地帯に暮らす人間にとって、雪は家を倒壊させる脅威であり、毎日の雪かきという重労働を強いるものでもある。都会人が自然をありがたがるのは、たまさかのレジャーとして、日常の不便を感じずに楽しめるからにすぎないかもしれないのだ。

自然すべてを表すような実体はないにしても、とにもかくにも「自然」には体験すべき実体がある。その体験を積み重ねることによって、ひょっとしたら愛する気持ちは生まれるかもしれない。虫に刺されたり、歩き疲れて足が痛くなったりして絶対に行きたくないという気持ちになる可能性は否定できないとしても。

「国」にそういう意味での体験すべき実体があるだろうか。愛国とペイントされた、軍歌や君が代を大音量で町中に流すカーキ色の車に同乗して日の丸を振ったら国を愛するようになるだろうか。真冬に伊勢神宮の五十鈴《いすず》川で禊《みそぎ》をすれば日本が好きになるだろうか。自衛隊に体験入隊するのがいいのだろうか。在日朝鮮・韓国人が着ている民族衣装チマ＝チョゴリをナイフで切り裂いたら日本人の誇りと思えるだろうか。国会や裁判所に傍聴に行ったらどうだろう。

それとも、サッカーのワールドカップを観戦に行くか。自分が選んだわけでも、法律で日本を代表する資格を認められているわけでもない「日本チーム」を応援するために。万葉集を詠唱し、国史を学び、漢字を使うのをやめたら愛国者だろうか。顔に入れ墨をして、一枚の布に穴を開け、首を通して身にまとったら純粋に日本的だろうか。

いや、単に皮肉を言ったり揶揄したりしようというのではない。右に述べたことの一部は「愛国者」の行動として知られているものだが、普通の人がすることとしては、奇妙に現実性を欠いている。「国」や純粋に日本的なるものをもとめることは、たぶん逸脱的にならざるをえない。歴史を学ぶ限り、日本は人種的にも文化的にも異国のものを取り入れて豊かになってきた。狂信の上にでなく、事実の上に愛国心を築こうとするなら、その事実は気に留めておいたほうがいいだろう。

†愛国心の欺瞞――「国」のコアと「国家」

対象を明確にとらえることは、明晰な思考の必要条件である。何について考えているかがはっきりとわかっていない人間が、はっきりとものごとを考えられるわけがない。そして、現実から対象を切り出すうえでは、まず対象を表すことばを選ばなければならない。

愛国心を、訳もわからず何かはっきりしないものを愛するカルト的心情にしないためには、愛の対象である「国」の概念を明らかにする必要がある。

「国家」は「国」よりもはるかに明確な概念である。さらに限定し、本書では「国家」を「統治機構」の意味でのみ用いよう。国民に対して権力作用を及ぼし、反対する者は力ずくで強制的に従わせる仕組みが統治機構であり、その物理的実体は政治家と官僚（警察と軍隊もその一部）である。

このことを明確にしておくと、「愛国心」の危うさが見えてくるはずだ。統治機構なしに国は（少なくとも近代国家は）成り立たない。「国」の中で実際に力を振るうことができる組織は統治機構としての国家である。

だが、愛国心というとき、「統治機構を愛する心」と思う人がいるだろうか。首相や官僚を愛そうと思うだろうか。現首相の小泉氏は衰えたとはいえそれなりにカリスマ性があってできると思う者もいるかもしれない。だが、森喜朗氏も首相であったことはお忘れなく。そして、官僚集団が後に控えている。

国を愛するというときに、漠然とイメージされる国とは、おそらく日本人の集団や、文化、伝統といったものだろう。それらに愛着をもつことは自然な傾向なのかもしれない。だが、こうしたものは現実に力を及ぼす組織的な実体をもっていない。

現実的な力をもっているのは、あまり愛の対象としては意識されない統治機構である。注意しなければ、人・文化・伝統への自然な愛は、統治機構への忠誠心として都合よく利用されてしまう。そうならないためには、次に述べる「カルト的国家観」をしっかりと解体しておく必要があるだろう。〝健全な〟愛国心は、その後に築かれるべきものだ——もしそれが可能であるとしたら。

†神としての国——カルト的国家観

カルト的国家観では、国（国家）は、絶対的な存在である。国は、歴史と文化と民族を体現する全体であり、個々の人間はその一部分にすぎない。全体なくして部分はなく、全体に奉仕することが部分の目的である。個々の人間は独自の価値をもっておらず、全体との位置関係でのみ価値をもつ。それゆえ、個々の人間は、必要とあらば、「お国」のために死ななければならない。家族の命も差し出す。そしてそれが人としての無上の喜びであるとされる。

国と国家（具体的には統治機構を支配する権力者）の区別は意図的に無視される。「お国のために死ぬ」ことと「君主に命を捧げること」は同様に扱われる。

これは、もはや信仰に近い。その不合理を指摘することは簡単だ。個々の人間が「国」

の構成員であることはそのとおりであるとしても、それは「国」が個人よりも優先するという必然的な理由にはならない。

論理的依存関係を考えるなら、話はむしろ逆である。国がなくても人間は存在しうるが、人間がいなければ国は存在しえない。もっというなら、国は（人間と同じ意味では）存在すらしていない。人間は見ることのできる物理的な実体があるが、国にはない。国は人間が抱いている概念なのである。国が（概念として）存在する前提は、人間が存在していることなのだ。

念のためにいっておくと、国を信仰することは、必ずしも悪いことではない。民主主義においては、思想良心の自由と信仰の自由が保障されている。ただし、信仰のあり方によっては、民主主義を否定することになる。また、不合理な信仰が暴走すると、圧倒的に強力な国家に対して無謀な戦いを挑んで敗北することになる。かつての日本や比較的最近のカルト教団のように。

†怪物としての国

しばしば、国家は、怪物にたとえられる。国家が強大な力をもち、個人の自由や生命を脅かしうる存在であることは、歴史を見れば明らかであろう。自分を抹殺しうる存在に対して、警戒の念をもつことは自然であると同時に合理的である。周囲を見ないで交通量の激しい道路に突っ込むことは愚かな行為だろう。

日本人は、どうやら国家に対する警戒心が乏しいようだ。(旧)厚生省(ひいては国家機関)の不合理を批判した『お役所の掟』(講談社、一九九三年)を書いた宮本政於氏は、外国の記者から、身辺の危険を感じないかという趣旨の質問を受けて、最初ピンとこなかったことを『お役所のご法度』(講談社、一九九五年)で書いている。

警戒心どころか、人びとが国家に素朴な信頼をよせていることには、わたし自身よく感じるところだ。たとえば、臓器移植の問題で、国家の監督が必要だというのはよく見られる意見である。陪審制などとんでもない話で、専門家の裁判官(=国家公務員)のほうがずっと信頼できるという人はむしろ多数派だろう。裁判員制度が、国民の求めではなく国家主導で作られるのはなかなか興味深い現象である。

もっとも、いわゆる〝有識者〟の間では、国家を危険な存在であるととらえる向きが多いようだ。これはある意味自然なことだった。敗戦後、〝このような過ちを繰り返さないためにはどうすればいいか〟というのは、共有された問題意識だったからである。「反国家」「反権力」は、かつての〝知的な〟若者のヒロイズムを刺激することばでもあった。

だが、国家を個人の自由への潜在的脅威であるとして警戒するのは合理的であるとしても、それが度を超して「悪魔」のように扱うことはやはり不合理である。国家を悪であるとして、「何でも反対」に陥ることは主体性の放棄でしかない。国家を悪魔のように忌み嫌う態度と国家を神のように崇める態度は、正反対であるように見えてじつは同じカテゴリーに分類できる。どちらもカルト的国家観に属するのだ。

†道具としての国

カルト的国家観と対極にあるのが、合理的国家観である。

「神としての国」の中で、人間が存在しなければ、国家は存在しないことを述べた。国家は、カラスや菩提樹や湖のように人間とは独立して存在する自然物ではない。国家は人間が作り出した人工物である。そして、人工物には、鍋や釜のように何らかの目的（用途）がある。鍋や釜は料理をするためのものだ。では、国家は何のためにあるのだろう。

この答えは、国家のあり方（もしくは主権の所在）によって異なる。図式的に単純化して言うなら次のようになる。独裁制国家では、独裁者の利益を実現するためにある。身分制国家では、身分の高い者の利益を実現するためにある。民主主義国家では、各個人の利益のためにある。ここでは、民主主義国家について考えることにしよう。

国家を道具と考える限り、愛国心には居場所がないように思われる。鍋や釜を愛することはないだろう。もしあるとしたら、職人が使い込んだ道具に抱くような愛着だろうか。そして、逆に鍋や釜を憎むこともない。道具を扱ううえで重要なのは愛することでも憎むことでもなく、目的に役立てることである。

その目的が「個人の利益」という良いものであるなら、それを実現するためにできる限り強力な国家を作るべきだろうか。

そうとはいえない。感情的に憎んだり恐れたりする必要はないが、道具には慎重に扱わなければケガをするようなものもある。国家はまさしくそういう類の道具だろう。鋭利な刃物のように危険というだけではない。国家は人間が作り出した中で最も大規模で複雑な道具だ。たとえるならむしろ原子力発電所や化学プラントだろうか。暴走・爆発すれば、多数の人命が失われることになる。発電所を設計するときに、最大出力を大きくすることだけを考えていればいいというわけではない。発電所には安全装置が必要だ。同じように、国家にも安全装置が必要なのである。

けっきょく、国家は、個人の利益を実現するための道具である。そう考える限り愛国心は、使い込んだ道具への愛着であるか、そうでなければ単なる錯覚だ。

†公共としての国

国家が人間の道具にすぎないなら、愛国心は好みの一つにすぎないということになるのだろうか。本を読むのが好きな人もいれば、歌を歌うのが好きな人もいれば、パチンコが好きな人もいるというような、さまざまな好みの中の一つでしかないのだろうか。

この見方はある意味で正しい。ただし、一つ気に留めておくべきは、国家は一人で使う道具ではないということである。国家を道具として扱う合理主義というと、功利的個人主義を連想するかもしれないが、これは必ずしも正しくない。というより、〝合理的な個人が自己の利益を最大化するゲーム〟であるかのように人間関係を描くことは、少なくとも現実の記述として正しくない。われわれのほとんどは、そんな風な生き方をしていない。では、〝あるべき正しい姿〟として掲げることは可能だろうか。

〝合理的な個人が自己の利益を最大化するゲーム〟というのが、〝儲けのためには親も売り飛ばすような利己主義者がトクをする仕組み〟を意味するのであれば、望ましいとはとうていえないかもしれない。だが、〝自己の利益〟の中に〝他者（自分以外の者）の利益〟が含まれることは、利他主義的理想というより、ごく普通のことだろう。

自分の親・兄弟・恋人・友人にいいことがあったらうれしいというのは、何ら異常なことではない。うれしくないほうがむしろ普通ではない。このような密接な関係の中では、他者の利益がそのまま自分の利益になることも多い。たとえば、親の収入が上がった場合がそうだ。

これほど直接的ではなくても、同じ集団に属している場合は自己の利益は他者の利益とかかわっている。また、他者に不利益を与え続けると、他者からの信頼を失い、さらには報復を受ける可能性も大きくなる。そのことを考慮しないのは合理的ではない。〝自分さえよければいい〟というのは、たとえ不道徳でないとしても不合理なのである。

そして、現状では、人間が属する最大の集団が国家である。合理的個人主義の一つの理想は、〝個人が自己の利益を実現する手段〟として国家が機能することだろう。

自分の利益が他者の利益とかかわっており、他人と共同作業をする中で自分の利益を他者の利益にもなるかたちで実現していくために、他者といっしょに（自分一人では動かせない）国家を道具として利用する。国家を道具として利用することは、他者との共同作業であり、国家をいっしょにコントロールしていて、それが自分と他者の利益を増進させているという実感がある。これが、国家が道具として手に馴染んで愛着がもてる状態だろう。

これが一つの理想として考えられるかもしれない。だが、進むべき理想とすることはできるだろうか。進むべき理想、努力の目標とするためには、少なくともある程度の現実性が必要だろう。この理想に十分な現実性が感じられるだろうか。

人間は、不合理で愚かな存在でもあり、嫉妬や憎悪で自分にとっても他人にとっても不利益な選択をしてしまうものだ、というのもまた真実の一面である。そうであるならば、不合理な「愛国心」に期待するのがむしろ実際的なのだろうか。カリスマ的元首への崇拝や、文化や伝統への愛着を愛国心にすりかえることも、愚民を導く手段として許容すべきだろうか。

これは民主主義の根幹にかかわる問題でもある。残念ながら本書に収めるには大きすぎるようだ。

ただ、標語的にいっておこう。「国家を愛するな。愛するなら国を愛せよ」「国を愛するより人を愛せよ」。〝国を騙《かた》る権力者〟にだまされないおまじない程度には役に立つかもしれない。

註

(1)とくに、民主主義国の場合は、国民は統治者でもある。その点を重んじるなら、国民も統治機構の一部であるということさえできる。ただし、統治機構に国民を含めると、対象が広がりすぎて曖昧になりやすい。国民が直接に統治機能の一部を担うのは選挙などの限られた場合だから、あらゆる場合に国民を含めて統治機構を語ることは混乱のもとである。

第10章 民主主義は「正しさ」を実現できるか

あなたは人間が好きだろうか。仲間を信じられるだろうか。こんな風にいうと三文芝居のセリフにしか聞こえないだろうけれど、民主主義ではそういうことが問われているのかもしれない。

†質より量――必然的衆愚政治

二〇〇〇年六月二五日の衆議院総選挙の後、毒舌で人気を博しているアメリカ人タレントがこんなことをいっていた。

――商店街で握手してもらったから投票するなんてオバチャンがいるんじゃやねぇ。民主主義は日本にゃ早すぎたんじゃないの。(1)

だが、この種の傾向は日本人に限ったことではない。たとえば、二〇〇三年のカリフォルニア州知事選挙運動で、シュワルツェネッガー氏が急激に支持を伸ばした理由として、同氏が派手な握手作戦を展開したことが挙げられている。同氏は、知事選討論会では政策について抽象的な発言が多く、政治家としてはアピールできなかったとされるにもかかわらず、である。

もちろん、握手が同氏支持の大きな原因であったかの評価は難しい(2)。だが、「握手作戦」が展開されること自体、握手することが支持を集めるうえで効果を発揮するとアメリカでも信じられているということの証拠になるだろう。

国により程度の差はあるだろうが、政策や見識とは全く別のことで選挙の結果が左右されるというのは、民主主義の抱える本質的な問題なのだ。バカには投票させない、というのは反民主的なのである。

それどころか、〝投票に行きましょう〟ということが、さまざまな場で喧伝される。「投票は市民の義務」という言い方をされることは珍しくない。国によっては(たとえば、オーストラリア)投票を罰則つきで義務づけている場合さえある。

これは、不思議なことではないか？　投票の質を下げることに躍起になっているのだから。そのときどきの政治課題に関心をもち、政治家の政策論争に耳を傾け、その背景についてきちんと調べ、いい候補者を選ぼうとしている人は、言われなくても投票に行くだろう。言われなければ投票に行かない人間。言われたら投票に行く人間。こういう人間は、先ほどの集団に比べて、よりよい候補者を選ぶ意欲も能力も乏しいのではないだろうか。

投票率は低いほうがいい。こう言うのは、理屈の上では間違いだと言っていいかもしれない。よりよい候補者を選ぼうという意欲と能力が高い人間が増えることにより、結果として投票率が高くなることは望ましいといえるだろうから。しかし、それは非現実的ではないか？　現実的には、量が増えると質が下がるというのがわれわれの経験の教えるところなのではないだろうか。少なくとも、セスナやコマーシャルで投票を呼びかけて質が上がらないことは確実だろう。

投票率が下がると、組織票の影響が大きくなり、民意が正しく選挙結果に反映されないという点についてはどうだろうか。

宗教団体やイデオロギー集団を支持母体にしている政党は、投票率が低いほうが有利だということは確かである。誰に入れるかはっきり決まっていない人間が少ないほうが、はじめからある政党の候補者に入れることを決めている人間の割合が高くなるからだ。

だが、どの候補者に入れるかもはっきりせず、天気しだいで投票をやめてしまうような人間の意思を算入することが、正しい民意の反映とはたしていえるのだろうか。宗教にせよ、イデオロギーにせよ、自分の人生において重要な価値判断を下している者の意思が強く反映することは必ずしも悪いこととはいえないはずだ。弱い決意が弱く反映されるのは、不当ではない。民主主義社会においては、結社の自由が認められている。自分の主張を組織的に主張する道は誰にも開かれている。民主主義は、怠け者の楽園を作るための制度ではないのだ。

勉強し熟慮した結果決めた一票も、適当に決めた一票も同じく一票として数えられる。いい加減な投票の数が多ければ、真剣な投票が負けてしまう。民主主義は「質より量」の制度であり、これは本質的な欠陥である。民主主義は必然的に衆愚的傾向を内包しているのだ。

†多数決は必要悪

民主主義といえば多数決、というような紋切り型の反応を見かけることは残念ながら珍しくない。あるところでそういう話をしたとき、〝労働組合の集会に行ったら、説明も話し合いもなくいきなり決を採られたことがあった〟ということを教えてくれた人がいた。多数決というのは日本にもすっかり定着した観があるが、民主主義にとって多数決が必要悪であるということはあまり知られていないようだ。

ただ多数の決定に従うだけならば、それは民主的決定というより、大勢順応主義というほうがふさわしい。「長いものには巻かれろ」というのと大差ないだろう。だからこそ日本に定着したというのは、いささか皮肉にすぎる見方かもしれないが。

多数決は、民主主義にとって必要悪だ。必要ではあるが「悪」だという認識をもっておくことは重要である。多数決を行なうということは、多数者の意見を少数者に押しつけるということにならざるをえない。民主主義の理念の中に、すべての人を人として尊重するということを数え入れるとすれば、少数者の意思を押しつぶすことは紛れもなく「悪」なのである。望ましいのは、全員が満足できる決定だ。

では、悪でありながら「必要」として制度の中に組みこむのはなぜか。その理由の一つは、民主主義についての格言に示されている。「頭をかち割る代わりに頭（数）を数えるのが民主主義である」――殺し合いをするよりはましだから、という消極的な理由なのであって、何らかの善を実現できるという積極的な理由ではないのだ。

†多数決で決めてはいけないこと

ただし、少数者の抑圧という悪を回避することが全く不可能だというわけではない。多数決を取り入れながら、すべての人を尊重するという理念を捨てないためには、少なくとも次のような点に注意する必要がある。

第一に、多数決にすべきでない問題があること。

第1章で説明したように、正しさには二種類ある。事実と一致するという「正しさ」と、規範に従っているという「正しさ」だ。「地球が丸い」というのは正しい」というのは前者の意味だ。「海で溺れている人を救助するのが正しい」というのは後者の意味（「困っている人を助けるべきだ」という規範に従っている）だ。

おおざっぱにいうと、事実であるという意味での正しさは、多数決にすべきではなく、正義であるという意味での正しさは、多数決に委ねうる。ただし、この原則的な区分を仮に認めるとしても、実際の問題は両方の要素を含んでいる。たとえば、「ある場所に原子力発電所を建設するのが正しいか」という問題は、事故の危険性がどの程度あるのか、安全のためのシステムはどの程度有効かという事実問題と、「周辺住民に危険を負担させてよいか」というような規範問題の両方を含んでいる。

第二に、多数決で奪いえないものがあるということ。

人間を人間として尊重するということを認めるならば、その具体的な内容はともかく、多数派の意思で奪うことができないものがあることを認めなければならない。本人にとって、何物にも代え難く重要なものを、多数派が好きなように取り上げることができるならば、本人を尊重しているとはいえない。

†多数決と議論

第三に、決を採る前に議論すること。

これが民主的な決定において一番大事なことである。まず、それぞれの対立する主張をぎりぎりまでぶつけ合う。そして、相手の主張とその根拠を理解し、最終的にそれぞれが最初思っていたのよりもすぐれた結論を生み出す。それで全員が納得できれば、理想的なかたちで議論が行なわれたことになる。

もちろん、理想どおりにいくことはほとんどない。それでも、議論を行なうことには少なくとも次のような意味がある。

①　コミュニケーションの機会になる

議論をすることにより、相手の主張を理解できるようになるとは限らないが、少なくとも、相手に関する情報を受け取ることはできる。このことは多数派にとってもよいことである。異質な考え方・ものの見方に接することができるのは成長のきっかけになりうるし、少なくとも、知らずに人の足を踏んでいた、という事態を防ぐことができる。少数派にとっては、「痛い」と伝える機会になるからだ。

②　質の低い意見が淘汰される

議論は理の争いであるから、質の低い意見は負けて消えていくことになる。もちろん、そのためには、議論の参加者が質の高低を見分ける能力をもっていなければならないわけだが、少なくとも明らかに質の低い意見は弱点を暴かれ、仮に最初支持が多かったとしても消えていくはずである。

③　妥協が行なわれやすくなる

妥協というとあまりいいイメージがないかもしれないが、多数派の意思をそのまま少数派に押しつけるよりはましな結果になりうる。また、少数派が満足するほどではなくても、ある程度は少数派の意見を結果に反映させることができるかもしれない。

以上のように、議論というプロセスを経て、質を高めた選択肢の間で決定を行なうことが多数決という悪を受け入れる最低条件である。そのプロセスなしに多数決を強行することは、少数派を力ずくで押さえつけることでしかない。

そして悪であっても必要なもう一つの理由は、ほとんどの問題には時間的な制約があるということだ。そういう場合に、いつまでも決定を先延ばしにするわけにはいかない。何もしないことが最悪の結果を生む場合もある。防災対策で、建物を建て替えるのがよいのか、補修工事ですませるのがよいのか、延々と議論し続けている間に地震が起こった、というのはありうる話だ。このような場合は、どちらかでもやっておいたほうが、採決で負けたほうにも利益になる。

†多数決と代議制

代議制は、多数決の「悪」を緩和するもう一つの要素と言っていいだろう。まず、集団の中から代表者が選ばれるのだから、集団の中の最も優れた者ではないにせよ、質の高い者が選ばれるはずである。次に、選ばれた議員は、一般市民とは異なり、すべての時間を政治問題にあてる専従者になる。すなわち、政治的な議論の中につねに身を置く存在になるわけである。

対立する見解に触れる機会が多いことが、考えを深めることを示す例として、「死刑廃止を推進する議員連盟」が存在することを挙げておこう。これは超党派組織で、会長は自民党の亀井静香衆議院議員。参加議員は衆議院議員の四分の一をわずかに超える。この率は、国民の中の死刑廃止主張者と比べると際だって高い。一九九九年の総理府世論調査では、死刑を廃止すべきであるとした者は一〇パーセントにも満たない。死刑廃止にかかわる組織に属している率はさらに低いだろう。

一般に、死刑についてよく知っているほど、死刑に反対する率が高くなる、といわれる。法学部のゼミでも、死刑について担当し、いろいろ調べた者は死刑に反対するようになるというのも、よく聞く話である。刑法学会でも、弁護士会でも、死刑に反対する者のほうがずっと多い。

「死刑廃止を推進する議員連盟」に参加する議員たちの中に、対立する見解と出合い、自らの考えを深めることによって、参加するようになった議員がいるというのはじゅうぶんにありうることだと思う。

議員が死刑に反対することには、一般の人が反対するのとは違う意味がある。普通の市民は、死刑に反対することによって仮に評判を落としたところで、職を失うことはない。しかし、議員は評判を悪くすると落選して議員の地位を失うのだ。

もちろん、死刑廃止を主張することは、特定凶悪犯罪者を擁護することではない。だが、「アイツは麻原彰晃でも死刑にするなといっている」という類のことをいわれる政治効果は容易に想像できるだろう。死刑廃止の主張は、特定の支持層をしっかり固めておくということにもならない。自分の選挙区に死刑廃止論者が固まっているというようなことは考えられないからだ。議員にとって、死刑廃止の主張はマイナス要素が大きいのだ。

死刑についてよく知るほど、死刑に反対する者が増えることについては、第8章を読めば想像がつくのではないかと思う。ここでは、十分な情報を手にいれたうえでよく考えなければ自分が本当にどうしたいかを見いだすことができないということ、そして、議員という政治活動専従者を作っておくことは、より多くの情報を手に入れ、より時間をかけて考えることができる立場の者を作ることであるということを指摘するにとどめておこう(3)。

†民主主義を超えて?

民主主義は、人に幸福をもたらす魔法の制度ではない。衆愚的傾向を内包し、多数者の意思で少数者を抑圧する「悪」に呪われている。決定の質を高め、悪を和らげるメカニズムについて説明してきたが、〝そんなにうまくいくのだろうか〟という疑問が起きなかっただろうか。

「正しい」決定のためには、十分な情報を手にいれたうえでよく考える必要がある。だが、そんなことはほとんどの人には不可能だ。だから、そういう立場の者(議員)を作って、その仕事に当たらせるわけだ。だが、議員はその仕事を誠実にこなしているだろうか。それを確保しようとするなら、市民のほうも努力しなければならない。慎重に優れた候補者を選び、選ばれた議員を見守らなければならない。政治活動の専従者を作ることで、市民の負担は緩和されるが、なくなるわけではない。民主主義は面倒で手間のかかる制度なのだ。

「権力は腐敗する。絶対権力は絶対に腐敗する」。アクトン卿の有名なこのことばは、独裁的権力の危険を示すものとして使われる。では、民主主義は腐敗しないのだろうか。

国民主権の民主国家で、主権者は市民だ。すべての市民ができる限り情報を集め、よく考えて候補者を選ぶことは期待できないだろう。では、過半数の市民がそうすることを期待していいだろうか。二〇〇三年の衆議院議員選挙の投票率は、六〇パーセントに満たなかった。候補者を選ぶことさえしない市民が半分近くいるのである。投票した人間の中で、よく知ってよく考えて投票した者はどれくらいいるだろう。

民主主義は、うまくいくはずのない無謀な企てなのではないだろうか。〝民主主義は失敗する。絶対民主主義は絶対に失敗する〟、そんな風な言い換えもあながち的はずれではないかもしれない。慈悲深い君主の善政を期待するのと、過半数の市民がよく知りよく考えよく見守るのを期待するのと、どちらが非現実的なのだろう。これは単なる皮肉ではなく、考えてみる価値のある問題であるように思う。

あなたは人間が好きだろうか。仲間を信じられるだろうか。

この言い方が情緒的に過ぎるというのなら、民主主義で問われているのは、民衆の無知・無能・怠惰がもたらす危険と、権力者の圧政の危険と、どちらをとるのかということだという言い方をしてもよい。よいものを求めるのではなく、悪いものを避けるという選択だ。もっと皮肉にいうなら、民衆と権力者のどちらも信じられないときに民主主義と独裁（寡頭）制のどちらを選ぶのかという選択ということになる。

この問題を合理的な選択として扱うのなら、それぞれのメリットとデメリットを比較評価したり、あるいは最悪の結果を避けられるのはどちらかを評価して答えを出すことになるだろう。そして、すぐわかるようにそれは不可能だ。民衆の凡庸さがもたらすデメリットを計算しつくすことも、権力者が圧政を行なう確率をはじき出すことも不可能だろう。だから、けっきょく、民主主義を選ぶかどうかは合理的な選択にはなりえない。どういう表現の仕方をするかはともかく、信念の問題に行き着かざるをえないのだ(4)。

あなたは人間が好きだろうか。仲間を信じられるだろうか。

だからあえてそういう問い方をする意味があるのだと思う。

註

(1)テレビのニュースワイドショーのような番組だったのだが、裏が取れなかったのでここで名前は挙げない。いずれにせよ、誰が言ったかは問題ではない。これは別段珍しい意見ではないし、話の枕にしているだけだからだ。

(2)握手が支持の大きな理由になっているかどうかの評価が難しいのは、日本人の場合にも同じだ。アメリカ人タレントが言及した〝商店街で握手してもらったから投票するなんてオバチャン〟も、本当に握手されたことだけが原因であったかどうかは明確でない。仮に本人がそのように説明したとしてもだ。

(3)「より多くの情報を手に入れ、より時間をかけて考えることができる立場の者」というのは、研究者にも当てはまることばだ。研究者は、「正しさ」の理論的追求者として、実践的追求者である政治家とは別の役割を担うことになる。

(4)ただし、よくわからないからといって安易に信念の問題にすべきでないことは、第8章で述べたとおりである。

第11章 「正しさ」の世紀へ

†世界で一番正しいこと

世界で一番正しいことって何だろうか。

もちろんそんなことを普通は考えたりはしないだろう。世界で一番強いのは誰か、という類の疑問なら、多くの人を惹きつける。ボクシングのヘビー級チャンピオンと、プロレスのチャンピオンはどっちが強いのか。ライオンと虎はどっちが強いのか。子どものころこういうことを考えたことがある人は多いだろうし、自分は興味がなくても友達にそういうことを熱心に話すヤツはきっといただろう。

この上なく正しいことについて考えてしまうのは、比較の興味のためでも、チャンピオンの決定のためでもなく、どう考えても正しいはずのことが裏切られたときだろう。これが正しいと言えないなら、何が正しいんだ。どうしてこのような不正がまかり通るのか。一番正しいことへの思いは、そういう具体的な悔しさと共にある。

幼い子どもの命を救う以上に正しいことがあるだろうか。助けることができるのに、あえて見殺しにするほどはっきりした悪があるだろうか。

現代はこの問いかけにたやすく答えることが不可能になってしまった時代だ。いま、世界中で死んでいく子どもの数は一日に三万人を超えており、その死亡原因のトップは下痢性の脱水症状である。その治療に必要な経口補水塩の費用は、一パック一〇円強にすぎない。

これらの数字は必ずしも正確ではないかもしれないし、われわれの多くは具体的な数字は知らないだろう。だが、われわれは、貧しい国々で多くの子どもがつまらない理由で、先進国では決して死なない些細なことで死んでいっていることを知っている。

一番正しいこと[1]を放置しておいて、どうしてわれわれは自分を道徳的な存在だと考えることができるのだろうか。

われわれにとって「正しい」なんてどうでもよくて、弱い者は踏みつけにすればよい、と考えているなら話は別だ。だが、われわれはそう考えているわけではない。あなたはたぶん、自分の子どもにそうは教えないはずだ。弱い者へのいたわりをもつ優しい人間であってほしいと、そう願うのが普通だろう。弱い人間を踏みにじり、強い人間の油断をねらう、そんな人間になってほしいとは思うまい。

飢えている子どもがたくさんいることを知りながら、美味しいものを食べ、しばしば食べ過ぎ、不味いものどころか美味しいものまでも捨てる。助ける力をもちながら何もしない。そのくせ「正しい」なんてことばを口にする。それで恥ずかしいとも思わないでいられるのはなぜだろう。

こういう書き方をすると、挑戦的だとか、非難がましいとか受け取られるだろう。いまはあえてそういう書き方をした。だが、おそらくどんなにことばを柔らかく包もうとも、〝たくさんの子どもたちが死んでいっているのに、何もしていない〟という事実の指摘は非難がましく受け取られるのではないかと思う。

そしてそれは健全なことだとわたしは考える。事実の記述が非難として感じられるなら、非難しているのはわたしではなくあなたの良心だ。

しかし、わたしは非難するつもりは全くない。むしろ話は逆だ。わたしがしようとしているのは、現状を非難することなくありのままに見つめ、そこを出発点として前に進む道を探ることなのだ。居直らず、諦めず、居丈高にならず、ふて腐れず、半歩でも前に進むにはどうすればよいかを考えることなのだ。

†正しいことをしない理由

理論的観点からは、わたしの課題は、幼い子どもを死ぬに任せながら自分を道徳的存在であると考える理由を見いだすことである。これは単に自己正当化のためではない。人間はしょせんその程度のものだと開き直って「正しさ」を放棄しないためでもあるのだ。結論の当否はともかく、正しいかどうかを考えなくなることこそ最悪の道徳的退廃だろう。

一日に何万もの子どもが死んでいくのを傍観していながら、自分を不道徳ではないと考える理由はいくつか考えられる。

†救うことができる命

最も簡単なのは、〝どうしようもない〟というものだろう。子どもが死ぬのは悲しいことではあるが、われわれは全能ではない。それは確かにそのとおりである。隕石が公園に落下して、遊んでいた子どもが死んだとしても、われわれが道徳的な責任を負うことはない。

しかし、隕石で子どもが死ぬというのと、飢えや衛生的な水がないという理由で子どもが死ぬというのは全く違う話である。隕石による災害は人間が惹き起こしたものではなく、防ぐことも避けることも予測することもできない(2)。

マクロ的に見た場合、多くの子どもが飢えや衛生的な水がないという理由で死ぬことは、完全にゼロにすることは不可能であるとしても、先進国と同程度に「ありえない」事態にすることは可能である。少なくとも、大幅に改善することができないと考えることはかなり馬鹿げていると言っていい。

現在、世界で栄養不足人口は五億～七億人、うち飢饉、慢性的飢餓状態の人口は約四五〇〇万人あまりと推定されている。これは解決可能な問題である。現時点において必要なだけの食料は生産されているのだ。

現在生産されている食料だけで、世界のすべての人びとに必要なカロリーを満たすことは可能である。先進国の人間が肉を食べる量をほんの少し減らせばよい。穀物を直接食べるのに比較すると、穀物を飼料として家畜を育ててその肉を食べることは、はるかに効率が悪いやり方だ。その比率は約七倍とされている。肉は七倍のカロリーを持つ穀物を消費して生み出されるのだ。

肉の消費量を減らすことなく、食料の生産を増やすこともできる。そのために新たな耕地の開拓や品種改良による収量増加は必要ない。現在、先進国では穀物の価格維持のために生産調整を行なっている。作れるのに作らないわけだ。それをやめるだけで、必要なカロリーは供給できる。

飢餓の問題は、生産ではなく分配の問題である。われわれは、すべての人びとが飢えずにすむだけの食料を生産しているし、さらに増産することもできる。(3)

そして、飢えは、餓死というかたちだけで死と結びつくわけではない。栄養不足は、免疫力・体力に直結する。栄養不足状態では、病気にかかりやすく、かかったときに耐えることが難しくなる。栄養不足の親は子どもの面倒を十分に見ることができない。医療機関が仮に近くにあったとしても連れて行くことができない。そうして、下痢性の脱水症状という、先進国の子どもがまず死ぬはずのない理由で死んでしまう子どもたちが日に数万人に上るということになる。

なお、かつて国連は、基礎的なヘルスケア・サービスにすべての人がアクセスするためのコストは、年間当たり二五〇億ドルで、軍事に費やされる八〇〇〇億ドルの三パーセントにすぎないと試算したことがある。(4)

われわれは、子どもたちの命が救えないのではない。救わないのだ。

†「わたし」にはできない

これまで「われわれ」といっているが、それは誰のことなのかという疑問を、厳密な読者は抱いたかもしれない。じつは、それ自体が非常に重要な論点なのだが、いまはあえて曖昧なままに筆を進めよう。この問題は後に取り上げることにする。

たしかに一人の力には限界がある。「われわれ」みんなにはできるとしても、わたし個人にはできない、ということはある。そのことが子どもたちの命を救わない理由になるだろうか。この問いかけに答えるためには、二つの問題について考えてみる必要がある。

まず、一つ目は、集団的意思決定と個人の意思決定の関係の問題だ。独裁制・寡頭制の国家であれば、普通の人は国家の意思決定にかかわることができない。民主主義社会でも、自分の意思がそのまま国家の意思になるわけではない。しかし、少なくとも、民主的な社会においては、国家の意思決定は個人の意思決定と無関係ではない。市民は、自分の意思を国家の意思に反映させるさまざま手段をもっている。もっているから民主主義社会であるといえるのだ。[5]

そして、〝自分はやりたいが、それがそのまま国家の意思にはならないから仕方がない〟ということは、個人に何もできないということではない。われわれは、個人としても子どもの命を救うことができる。

そのために、何も遠い国まで出かけていって、身を挺《てい》して働く必要はない。たしかに、そういうことができる人はごく限られているだろう。だが、別の方法で子どもの命を救うことができる。もっともお手軽なのは、ユニセフに寄付をすることだろう。先にも述べたように、子どもたちの死亡原因のトップは下痢性の脱水症状で、その治療に必要な経口補水塩の費用は、一パック一〇円強にすぎない。この本を読んでいる人で、二〇円の金が出せない人がいるだろうか。

——そんなことをしたところで、命を助けたことにはならない。仮にそれで一度命が助かるとしても、またすぐ同じ症状で、そうでなければ別の理由で、その子どもは死んでしまうだろう。ただ金を出すだけなんて、捨て犬にエサをやるようなものだ。寄付をしている人間の自己満足にすぎない。本当に子どもの命を助けたいと思うなら、もっと根本的な対策が必要だ。

この主張はそれ自体としては間違っていないかもしれない。だがこれは、寄付を否定する理由にはならない。なるとしたら、それ以上のことをすべきだと考える理由にだ。「理想的な方法が見つかるまで何もしない」というのは、命を大切にする態度ではない。一パックの経口補水塩は〝せいぜい一度命を助けるだけ〟の役にしか立たないかもしれないが、その一度がなければ一つの生命が永遠に失われるのである。根本的な対策にはならない一時しのぎであるとしても、その一時をしのぐことは決して無意味ではない。

もう一度繰り返そう。われわれは、子どもたちの命が救えないのではない。救わないのだ、個人としても。

†それはわれわれの責任ではない？

できるということと、やらなければならないということとは違う。われわれに子どもの命を救うことができるとしても、それだけでわれわれが子どもの命を救わなければならないということにはならない。つまり、〝子どもの命を救う〟ことが正しいとしても、それがわれわれの責任であるかは別問題である。

では、われわれに子どもの命を救う責任はあるのだろうか。

池で子どもが溺れていても、それを助ける法的な義務はない。(6) ただじっと見ていても、それどころか子どもの必死な様子を笑いものにしていても、なんら処罰されることも責任を問われることもない。(7) ただし、それは、その者が子どもが溺れていることにかかわっていない場合である。その者が子どもを殺すつもりで突き飛ばして池に落としたのだとしたら殺人になるし、誤って車ではねて落としたのであっても子どもを救助する責任が生まれる。

では、われわれと死んでいく子どもたちとの関係はどうなのだろうか。

開発途上国の飢えは先進国がもたらしたものといわれる。少なくとも、先進国と接触するまで、開発途上国に恒常的な飢えはなかったようだ。南の国々は、基本的に自然の恵みが豊かであり、食べていくだけなら大きな不自由はなかった。

その状況を変えたのが先進国との接触である。態様はさまざまだ。先進国の産業製品が入ってきたことにより、地元の産業が潰れてしまった場合がある。また、工場・農場の建設により、伝統的な生活様式が破壊された場合もある。

先進国に売るための商品作物（コーヒー、タバコなど）を作るために、食物の栽培をやめさせられた場合もある。飢餓人口を抱えながら、食べるための作物を作らずに、売るための商品作物を作らされる。そしてその利益は地主・企業のものになる。そういう構図はいまなお続いている。

もちろん、これは必ずしも先進国だけの責任ではない。むしろ、国内の不平等が主たる原因であると言ってもいいかもしれない。とはいえ、開発途上国の最貧層の低賃金労働が先進国の豊かな生活を支えていることは確かである。開発途上国の飢餓に対して、われわれに直接の責任はないかもしれない。しかし、少なくとも原因の一部にはなっているし、圧倒的に有利な立場にいることから利益を受けていることを否定することはできないだろう。

結局、われわれに子どもの命を救う責任はあるのだろうか？

この答えは、しばらく措いておこう。ここでは、われわれの立場は、偶然の目撃者とは少し違うこと、そして、われわれは、個人としていまの立場に立っていることに選択の余地はなかったことを確認しておくにとどめることにする。出合ってしまった不幸、とでもいうべきなのだろうか。

†「環境問題」の影

子どもの命を救ってはならないという主張さえいまはもっともらしく聞こえるかもしれない。子どもの命を救うという目先の小善が、すべての人を破滅させることになるかもしれないという理由で。滅びへの道は善意で舗装されている?

「環境問題」は、人間の活動の影響が自然のバランスを崩すほど大きくなったことから生じている。有限の地球は、際限のない人間の欲望を支え続けることができないのだ。

人類の誕生以来、人口はほとんど停滞状態で、ごくごくゆっくりと増加してきた。産業革命が始まった一八世紀の半ばの世界人口は七~八億であったと推定されている。それが、現在では六三億を超えている。人口はなおも増加し続けており、今世紀半ばに九〇億に達すると予測されている。そして、その増加はほとんど開発途上国で生じているのだ。

——人がいっぱいで沈みかけている船に、これ以上人が増えることは避けなければならない。先進国ではある程度環境対策が進んでおり、現在の環境破壊の主役はむしろ開発途上国のほうに移っている。

これは必ずしも間違いではないのだが、ずいぶん手前勝手な言い分であることは、「環境問題」について考えたことのある人なら誰でもわかるだろう。先進国が現在はある程度の環境対策を行なっているとしても、それは環境対策を行なわずに経済発展をして繁栄を実現した後の話なのである。

また、先進国の環境対策は根本的な解決とはとてもいえない。先進国の一人の人間が、消費するエネルギーと資源、その結果生じる環境負荷は、開発途上国の人間のそれよりも格段に大きい。先進国の人間は平均寿命が長いので、一人の人間が一生に与える環境負荷の総量を考えると格差はさらに広がるだろう。

おそらく、いま先進国が消えてなくなれば「環境問題」は解消する。もっとも、開発途上国がまた先進国と同じ道をたどることになるかもしれないが。

そして、消えてなくなる必要はない。もっとよいのは、消費水準を開発途上国の庶民並みに落とすことだろう。このことは、環境破壊を物理的に減少させるだけでなく、途上国の環境破壊を制止する倫理的根拠をもたらすことになる。このことは次の比喩で考えるとわかりやすい。

美味しいものを好き放題食べて大量の食べ残しを捨てている太っちょが、「これからは食べ物が少なくなるからお前は食うのをガマンしろ」と、やせ細った栄養不良の人間に言ってそもそも説得力があるだろうか。大男（女）が、食べる量を人並みに減らせば、食料不足の問題が物理的に解消するだけでなく、自分がしないガマンを切実に食料が必要な他人に強制するという不道徳を免れるのである。

だが、そんなことをいっても仕方がないだろう。

現実的に考える限り、先進国の人間の行動が急に変わるはずがない。また、政治力学からして、開発途上国に圧力をかけて開発や人口増加を抑制することのほうが容易だろう。ムシのいい要求だとしても、「人類の存続」という大義のためにはやむをえないのではないだろうか。

そして、はたして先進国の一人ひとりの人間を非難できるだろうか。豊かで快適な生活を望むこと自体は決して悪いことではない。そのことが大きな環境負荷を生み出し、地球環境に悪影響を与えているとしても、それがどれほど致命的かは、簡単には答えが出せない問題でもある。科学技術の進歩により地球上で一〇〇億の人間すべてがアメリカ人並みの生活を楽しむことができるようになる、というのは、ずいぶん色あせてしまった夢だとはいえ、間違いと証明されたわけではないのだ。

「環境問題」は、飢えた子どもたちを見殺しにして、自分は贅沢を楽しむ格好の口実を与えてくれた――というのは皮肉にすぎるだろう。それはやはり公平な言い方ではない。けっきょく、受け入れざるをえない苦い現実の一つ、といってしまうと、これもまた自分たちを美化している言い方かもしれないのだが。おそらく真実はその中間の少し後者寄りにある。

†世界は一〇〇人の村じゃないから

「世界がもし一〇〇人の村だったら」、環境問題も南北問題[8]も生じなかったに違いない。少なくともいまよりずっとマシだっただろう。

考えてみてほしい。一〇〇人の村で、飢えた子どもが一人だけいたら[9]その子が飢え死ぬまで放っておかれるなんてことがあるだろうか。

住人が一〇〇人なら、すべての人がお互いに顔を知っているだろう。たとえ少数であっても、人が人である限り、さまざまな悪はあるに違いない。恨みや妬みや憎悪はありふれたことだろうし、ときにそれが殺人に発展することすらあるかもしれない。

だが、飢えて死にそうな子どもが居ながらそれをみんなが放っておくなんていうことはありそうにもない。人の不幸は自らの幸福を損なう、というと美化したように聞こえるかもしれないが、決してそうではないと思う。人のために命を賭けるような人は例外だろうが、飢えた子どもの前で平気で自分だけ飲み食いできる人間もまた例外だろう。

前節で〝美味しいものを好き放題食べて大量の食べ残しを捨てている太っちょが、やせ細った人間に食うなと主張する〟というたとえを出した。この比喩は、先進国と開発途上国との関係の比喩としては正しいだろう。だが、先進国の個人と開発途上国の個人との関係の記述としては誤っている。われわれ先進国の人間は、たしかに飢えて死んでいく子どもがいることを知っている。だが、それは「頭で知っている」だけだ。目の前にその子どもがいれば、ほとんどの人間は食べ物を差し出すだろう。環境問題も南北問題も、そういう切実感・リアリティがないのである。

どちらも、しょせんテレビの中の出来事にすぎない。飢えた子どもの姿をニュースで見て心を痛めても、スイッチを切って日常に立ち返れば、晩ご飯は美味しくいただける。まずいと思ったら捨ててしまう。非難してもムダだ。これは人間の限界というべきだろう。

われわれの「正しさ」の感覚も道徳も、長い歴史の中で形作られてきた。そして、人類の数百万年の歴史の中で、自分の想像も及ばない遠くにまで力を及ぼすことができるようになったのは、ごく最近のことにすぎない。

近代以降、われわれは急速に知識を増やし、大きな力を手に入れた。この頭と手の進歩に、心がついていけないのだ。資本主義の市場メカニズムは南の国々にまで及び、熱帯雨林の伐採は北の国々にも影響を与える。頭ではわかるとしても、あまりに実感がない。そして、実感がないところで日々の行動を変えることはとても難しい。

われわれは、あまりにも巨大なシステムの中で、たくさんの社会に分かれて生きている。世界は「一〇〇人の村」ではなく、「六〇億人の（バラバラな）国々」なのだ。このことが、環境問題・南北問題の解決をほとんど不可能にしてしまっている。

いま二一世紀。ひょっとしたら、これがふつうに訪れた最後の世紀になるかもしれない。環境問題・南北問題を解決しない限り、二二世紀は来ないだろう。その見通しは、残念ながら明るいとはいえないようだ。

「飢えた子どもの姿をニュースで見て心を痛めても、晩ご飯は美味しくいただける」。このことは、問題の解決が難しい理由であると同時に、救いになりうるものでもあると思う。地球の裏側の、国も人種も違う子どもの姿でも、心が痛むのだ。まったく異質で無縁なものだとは思わないのだ。人間なんてしょせんその程度、と開き直る必要はない。自分と直接に関係はなくても人間が人間である限り、何とかならないものかと思うこともまた事実だろう。世界の巨大さに阻まれて、行動に踏み切ることも何かできると思うこともできないとしても。

†「人類」を創る

環境問題・南北問題は、「われわれ」の問題である。だが、われわれはまだもっとも大きな意味でわれわれではない。「すべての人」という意味で「われわれ」ということはまだできない。地球の裏側の飢えた子どもは、まだわれわれの一員ではない。自分の子どもとまで行かないのはもちろん、自分の町に住む他人の子とまでも思えない。

同様に「人類」もまだ実感のない単なることばだ。自分が人類の一員であることは頭では理解できる。だが、そのことは地球の裏側の人類の子どものために行動することとは結びつかない。われわれがネコと同じ哺乳類の一員であっても、それでネコに何らかの義務を負うとは考えないように、人類の一員であることで遠い国の人に何かの義務を負うとは思っていない。

単なることばでしかない「人類」の実体を作り出すことが、これからの課題だろう。すべての人間は、事実としてすでに「運命共同体」の中にいる。これを実感の基礎にすることができるはずだ。

生物種としてのヒトは神だか自然だかが造った。日本人は、歴史が造ったというべきか。すでに「〜人」は、われわれのアイデンティティの一部として無視できない重みをもつ。

そして、日本人同士の間には一定の連帯感がある。これも考えてみれば奇妙な話かもしれない。生まれてから一度も会ったこともなく、これからも会う可能性がない人のことでも、それが日本人である場合には、外国人の場合とは別の感覚をもたらすのだから。(10)それを思えば「人類」がアイデンティティの一部となり、責任意識を喚起することはありえない話ではないかもしれない。

そして、いまは自然にそういう実感ができあがるのを待っている時間はない。自分を人類の一員として考え、すべての人の未来が分かちがたくつながっていることを意識し、力を合わせなければ、環境問題・南北問題を解決することはできないだろう。その認識を土台として、人類という意識・アイデンティティを創り出さなければならないのだ。

†滅亡の恐怖?

人類という意識を創り出すための第一歩は、逆説的に聞こえるかもしれないが、その意識を拒否することを認めることかもしれない。

人は必ず死ぬ。永遠に生きることができない以上、いたずらに死を恐れていても無意味だ。重要なのはどのように死を迎えるかである。このような言い方は、ごく常識的なものに思われる。ところが、「人類は滅亡する。永遠に存続することができない以上、いたずらに滅亡を恐れてもしかたがない。重要なのはどのように滅亡するかである」という主張は、一見奇妙に思われる。なぜだろうか。

自分が生きている間に滅亡するのが困るというのは当然だ。だが、環境問題で人類が滅ぶとしても、それは現世代のことではないだろう。自分の死後に滅亡する場合はどうか。自分がもはや存在しないときに人類が滅亡することを恐れる必要があるだろうか。

自分が死んだ後はどうなろうと知ったことではない、というのは身勝手な主張に聞こえるかもしれない。だが、身勝手であることはそれだけでは別に悪いことではない。少なくとも個人の自由を尊重する世界においては。

問題なのは、身勝手かどうかということではなく、われわれの多くはそう考えないだろう、ということだ。われわれは通常自分の死後に対しても関心をもつ。葬式や墓のことを遺言に書き残す者は少なくない。生命保険のような制度の存在は、死後のできごとへの関心が宗教的な理由からだけではないことを示しているといっていいだろう。われわれは、自分が死んだ後は家族や友人がどうなってもいいとは思わない。自分にとって大切な存在が自分の死後も幸福でいられるということは、われわれの関心事であり、われわれが生きている間の幸福にかかわる問題なのである。

では、このことは人類滅亡を恐れる十分な理由になるだろうか。しかし、人類が滅亡するということと、人々が不幸になるということは同じではない。どの人間も永遠に生きることはできない。したがって、自分の死後に関心をもつとしても、自分にとって重要な人間がいつか死ぬことそのものを恐れる必要はないし、また恐れても意味がない。すべての人間が幸福に天寿をまっとうした結果として人類が滅亡するとしたら、それはむしろ喜んで求めるべきことといえるはずだ。

こう考えてみると、われわれがほんとうに恐れている、また恐れるに値するものがなにかわかる。それは、自分や自分にとって重要な者が暴力的に人生を中断されることである。滅亡ということばがそれを連想させるために、人類の滅亡がなにかしら恐ろしいことのように思われるのだろう。

実際、「環境危機」に対して適切な対応をしなかったために滅亡するとしたら、多くの者の人生の暴力的中断を伴うことはほぼ確実だと考えられる。しかし、それは滅亡の唯一のあり方ではない。すべての人が（少なくともいまと同じくらいに）幸福に人生を終えるということは、理論的に可能である。

そのために実際にどうするかを説明することはここではできない。とりあえず、少なくとも理屈の上では滅亡することと不幸になることとは別だということだけを指摘しておこう。

†「未来を選ぶ」という負担

――環境問題なんて自分には関係ない。自分が死んだ未来に人類が滅亡してもいっこうに構わない。資源の節約なんかしないで豊かに生きたい。――そう考えることは、間違っていない。消費的・享楽的な生き方は、現代社会において不道徳とは言えない。「人間を人間として尊重する」ことが重要であるなら、考え方の違う人びとと共に生きることも重要だ。もちろん、説得しようとすることは悪くない選択だ。

人類は滅んでもいい。人類存続は神の命じた絶対善ではない。そのことをまず認めたうえで、自分の死後も、人類の一員として人の世がなお続くことを願うかどうか、つまり未来を選ぶかどうか、を自由に選択すればいい（未来の選択を制度化するための具体的方途については、二三九頁からの補論を参照）。未来への責任はその選択に基づく責任として構成することができる。なお、未来への責任と人類への責任は、ここでは同じことだ。人がすべて死に絶えても、地球は残るだろう。われわれが選ぶ未来は、人のいる未来だ。

未来は選んでも選ばなくてもいい。その選択をするシステムを「逆しまの箱船」と呼ぼう。旧約聖書のノアの箱船は、神が選んだ人を乗せた。こんどの箱船にはすべての人がすでに乗り合わせていて、降りる人を選ぶ。未来を選ぶことにともなう負担を引き受ける者だけがこの船に乗り続けることになる。未来を放棄し、人類の一員であることを拒否する人は、未来のための負担を負わなくていい。

――負担をするのがイヤだから、ほんとうは未来を選んでいるのに形だけ放棄する者が出るのでは？　――これは、いわゆるただ乗り（free rider）問題だ。いちおう対策はしておいたほうがいいかもしれない。しかし、この選択に関しては、あまり意味がないように思う。なぜなら、未来の選択は、そもそもそういうセコい発想とは相容れないからだ。狭い意味で自分だけが得をすればいいという人は、そもそも未来を選ばないだろう。自分が死んだ後の話であり、自分が得をできるという話では全くないのである。

ただし、ぜんぜん得にならないかというと必ずしもそうではない。遠くの国で死んでいく子どもたちの命を救うことができたら、あなたはうれしくないだろうか。

思い出してほしい。子どものころ、世界には飢えて死んでいく子どもがたくさんいることをはじめて知ったときのことを。そのとき、どんな気分になっただろうか。他者の不幸は自らの幸福を損なう、というとなんだかきれい事のように聞こえるかもしれないが、決してそれは特殊な心情ではない。われわれがそうした心性をもっているのは、たぶんわれわれが集団の中で集団に依存して生きる生物だからなのだろう。

〝自分さえよければ他人はどうなってもよい〟という個人で構成されている集団は、集団としての力が弱く、他の集団との競争の中で淘汰されてしまう、というのはありそうな話だ。だから、生き残った集団の一員（の子孫）であるわれわれは、他者の不幸を悲しむという「能力」を備えているのだろう。

二一世紀はすべての人びとと共に生きる世紀になるか、すべての人と共に死ぬ世紀になるのかもしれない。狭い意味での自己利益の最大化を追求するだけでは、早い者勝ちの「共有地の悲劇」から逃れられないだろう。他者への配慮を伴う「正しさ」は、そのための行動のルールであり、われわれが生き延びるための戦略として考えることができる。思いやりが生き延びるチャンスを増やす。正しくなければ、生きていけない。

註

(1)一番か二番かという不毛な議論はやめておこう。それはどうでもいい。幼い子どもの命を救うことは正しいし、それが重要だということだけで十分だ。

(2)同じく自然災害でも、台風などの場合はある程度の予測と対策が可能であるために、被害は人災の色彩を帯びることになる。実際、発展途上国は、しばしば台風で多くの死者を出すが、日本ではまずそのようなことは起こらない。自然に対してより大きな力を振るうことができることは、一見すばらしいことのように思える。しかし、これはある種の悲劇をもたらすかもしれない。技術の進歩で、台風の進路を動かすことができるようになったら、大都市を直撃するのを避けて、人口の少ないところを通らせ、被害を少なくすることができるだろう。だが、それは人口の少ないところに住んでいる人にとってはどうなのか。そして、「操作」を誤って、大都市を直撃させてしまったら、それは人災と呼ばれるだろう。大きな力を振るうことができるようになるということは、その力の行使に対して責任を問われるようになるということでもある。

なお、隕石の落下ですら、近いうちに純然たる自然災害とはいえなくなるかもしれない。地球軌道に近づく小惑星を監視し、地球に落下する前に「迎撃」してしまおうという計画はすでにある。

(3)栄養不足人口の推計と分配の問題については、荏開津典生『「飢餓」と「飽食」食料問題の十二章』(講談社、一九九四年)一一一〜一一七頁。

(4)古い数字だが、この問題を考えるうえで細かな数字の違いは問題ではあるまい。五パーセントであれ、八パーセントであれ、われわれが現に出している額のわずかな割合にすぎない。

(5)民主主義は、個人の意思を実現していくうえでよい制度と言っていいかについては、民主主義の章で論じたとおりである。そして、制度の問題以前に、人間の性質上、個人としてよりも集団としてより愚かであるという問題があることも確かだ。

(6)容易に助けられるのにもかかわらず見殺しにする行為は不作為による殺人であるとする見解もあるが、ほとんど支持されていない。

(7)もしこのとき道義的非難を受けるとしたら、法律上の責任はなくても道義的な責任はあると考えられていることを示すものだろう。①周囲に他に人がおらず、助けられるのはその目撃者だけである。②池は浅く、大人ならじゅうぶんに背が立つ。したがって、子どもを助けるために危険を冒す必要はない。助けようと思えば、簡単に助けられる。このような条件を満たす場合に、現代社会で道義的非難を免れるのは難しいのではないだろうか。

(8)環境問題と南北問題は、実は一つの問題と見ることができ、そしてそうしない限り処理することができない問題である。この点については「未来は値するか」という論文の中で書いたが、本章では詳しく触れることができない。

(9)助けられるはずなのに死んでいく子どもの数は年間一〇〇〇万人を超えると思われるが、これは、六三億人の〇・一六パーセントに満たない。つまり、一〇〇人の村には存在できないのだ。

(10)海外で航空機事故が起こったニュースを聞いて、死者の中に日本人が居なかったことを知ってほっとするという感情は、かならずしも否定的にとらえる必要はないだろう。

補論「未来を選ぶ」ということ

具体的な選び方として、もっとも単純なやり方は、意見表明だろう。未来を選ぶか選ばないかの意思表示を求めるのである。そして、その選択を公的な記録として残すのだ。この方法の欠点は、無思慮な表明を排除できないということと、ただ乗りを防ぐことができないという点にある。〝未来があることはいいことに決まってるじゃん。でも負担はいやだから未来を選ばないことにしよっと〟というようなかたちで、真実を表さない表明が行なわれることに対して無力なのだ。ただし、本文でも述べたように、ただ乗り問題はそれほど大きな欠点にはならないだろう。むしろ重要なのは、無思慮な表明がなされうることのほうだ。

拙稿「未来は値するか——滅亡へのストラテジー」（松浦好治編『法の臨界　第3巻』（東京大学出版会、一九九九年）所収）では別の方法を提示した。人の世の未来の選択を、次世代を産み出す選択、すなわち子供を作る選択と規範的に結びつけて、子供を作るか否かを未来を選ぶか否かの選択として扱うシステムを設計したのだ。したがって、子供を作った人間（男女）には、未来を選んだ負担を負わせることになる。そして、負担分配の最も簡単なやりかたとして子供を作った者への課税を示した。

「未来は値するか」（以下、未来論文）は、さまざまな誤解を受けた論文だ。なかでも、子どもを作るという選択への課税の意味については、正しく理解されないことが多かった。これに反発を受けることは予測していた、どころか反発を狙って書いたという部分もある。反論は、頭を使うきっかけになるだろう。少々予測が外れたのは、意味を理解しないで反発されたことが多かったという点だ。

わたしは、すべてを説明することが必ずしもいい方法だとは思わない。読者が自ら考えて答えを見いだすという要素は、哲学論文には必須のものだと考えている。とはいえ、難易度の設定は難しい。簡単すぎるとつまらない、難しすぎるとわからない。人によって適正なレベルは違う。結果的に見て、未来論文の難易度設定は高すぎたのかもしれない。子どもを作るという選択への課税について、もう少し説明したほうがいいようだ。

未来論文にとって、子どもを作るという選択への課税は重要なポイントではない。重要なのは、未来を自らの意思によって選ぶことも選ばないこともできることだ。課税は、その選択の結果として負担を分配する手段にすぎず、課税以外の方法を考えることは可能だった。あえて反発を招く手段を選んだ理由の一部についてもう少し説明しよう。

†二つのきっかけ

一つは、新聞で高齢化対策に関する自民党議員の次のような発言を読んだことである。「子どもを作らない女性は（負担を引き受けず、高齢化を促進するという点で）自分勝手であり、課税すべきだ」。また、新聞・インターネットなどで、独身で子どものいない女性が、子供をもっている女性から同じような非難を受けて悩んでいるということも知った。

未来論文でも明記したように、わたしは「子どもを産むか否かの選択に対して国家が直接干渉することは、個人の尊重の理念に反し、許されない」と考えている。〝高齢化対策のために子供を産め。いやなら罰として税金をかける〟という発想は、人間の尊厳に反するものではないだろうか。

もう一つのきっかけは、ある研究会で、人間中心主義に関連するわたしの質問に、次のように答えた教授がいたことである。

「（発展途上国の）何も考えずに子どもを作っている人間に援助をする必要があるのか、という議論もある」。

わたしは、質問の中で、一日に三万人もの子どもたちが、ごくつまらない理由で死んでいっていること、それを何とかすることが二一世紀の重要な課題であることを指摘した。その答えがこれである。発展途上国の人びとを「何も考えずに子どもを作っている」として非難することができるのだろうか。翻って、先進国の人間は、きちんと考えて子どもを作っているといえるのか。

†環境問題と人口――理論的課題

わたしのように「子どもを産むか否かの選択に対して国家が直接干渉することは、個人の尊重の理念に反し、許されない」と考える人間にとっては、基本的に人口政策は許されない。ところが、そのことは環境問題を考えるとき、大きな壁にぶつかることになる。

地球上で生きていくことができる人口には限りがある。

世界の人口は増加し続けている。

とすれば、人口を制限しなければ、人類は破滅する？

しかし、人口政策は人間の尊厳に反する。

人間の尊厳と存続が矛盾するように見えるとき、われわれはいかに対応すべきか。

仕方なく、とか、強いものが勝ち残る、ではなく、このような状況で何が「正しい」のか。そして、われわれに「神の正義」はない。われわれは人間である。万能からはほど遠く、利他心も想像力も限られた存在である。さらに、人によって正しいと思うことが違う。

〝弱肉強食は自然界の掟だ。われわれはそうして生きてきたではないか。邪魔者は殺せ〟これを優しい悪魔の囁きと呼ぼう。〝弱い者へのいたわりこそ人の道である。われわれはこれまで、人間の尊厳を求めて戦ってきたのではないか。すべてを尽くして他者のために生きよ〟これを残酷な天使のテーゼと呼ぼう。優しい悪魔の囁きと、残酷な天使のテーゼとの間で、人間の従うべきルールは何か。未来論文は、事実の不確定性と価値の多元性を超えてこの問いに答えようとする試みである。

（拙稿「愛でなく」より）

†「子どもを作るという選択への課税」と人口政策

未来論文で述べた「子どもを作るという選択への課税」の特徴は、それが人口政策として行なわれるのではないことだ。「子どもを作るという選択への課税」は、個人の自由な生き方を確保すると同時に、考え方の違う人間の利害を調整する「社会的コストの適正な分配」をする機能がある。そして、なによりも重要なのは、それが子どものために行なわれるということだ。

この課税は、いってみれば、子どものために未来を買うための費用になる。これは養育責任の現代的拡張である。子どもを作ったものが、子どもを遺棄することは従来から許されていない。作った以上、一人で生きていけるまで育てる義務があるのだ。そして、その義務を負わせることは、子供を作る権利を否定するものとは考えられていない。

いまや、それだけでは十分だといえない。なぜなら、親（の世代）が子ども（の世代）が使うべき資源を食いつぶしてしまうことが可能になってしまったからだ。子どもを作った以上、子どもが生きられる世界を維持することは親の責任だと考えることができ、「逆しまの箱船」はそのことを確保する手段でもある。

繰り返そう。子どもを作ることは自由であるべきだ。決して国の都合で左右するべきではない。そして自由であるからこそ、その選択に責任を負わなければならない。子どもを作ることは、子どもの未来に責任を負うことだ。

†「子どもを作るという選択への課税」の最も重要な意味

「環境問題」の原因は、先進国の過剰な消費である。先進国の人間が「豊かで快適な生活」を送るために生じる大量生産・大量破棄が環境を破壊していっている。人口でいえば一握りの人間が、はるかに多数の途上国の人間よりも、はるかに多いエネルギー・資源を消費しているのである。先進国の子どもが成人するまでに消費するエネルギーは、最貧国の子どもが成人するまでのエネルギーの数百倍に達するという。そして、最貧国の子どもは、無事に成人できない場合が多い。

地球には限界がある。生きられる人間の数には限りがある。そして、先進国の人間が一人子どもを作ることを諦めれば、最貧国の子ども数百人が生きる余地が生まれる。

以上は事実である。その事実を受け止め、どうするのが正しいのだろう。

未来論文で論じたのはメタレベルの正しさだった。「豊かで快適な生活を送ること」が正しいとも間違っているとも主張していない。また、途上国の子どもたちの命を助けるのが正しいとも間違っているとも主張していない。

「人類」にはまだウソの響きがある。われわれはまだ人類ではない。地球の裏側の人びとを、自分たちの仲間だとは思っていない。その子どもたちが死んでいくことに責任を感じてはいない。

だが、事実としては、われわれはもう、すべての人を含めてわれわれである。地球の裏側で熱帯雨林を伐採することはわれわれの未来に影響を与える。地球という一つの星に住む、われわれの未来は分かちがたく結びついている。

「子どもを作るという選択への課税」の最も重要な意味は、右のような事実について考えるきっかけを作ることだった。この豊かな国で、子どもを作るということが、すべての人びとの未来にとってどういう意味をもつのかを。

そして、われわれ日本人は大量生産・大量消費の世界の中で本当に幸せだろうか。「世界価値観調査」（二〇〇〇年）によると、日本の幸福度はインドネシアに劣っている。そしてそれは必ずしも不思議ではない。長い通勤時間。残業。家族と満足に話をする時間もない。あなたは、父親と（あるいは子どもと）毎日何時間くらい会話しているだろう。家族との時間ももてずに働いた果てには、一つの結果として過労死が待っている。そこまでいかないにせよ、大量の物資に囲まれていながら、それをゆっくりと楽しむ時間がない。

同じような生活を子どもにも送ってほしいだろうか。

消費できる物質の量は減っても、家族と話す時間ができる。澄んだ空とみずみずしい緑に囲まれている。そういう未来を選ぶ気はないだろうか。多くの人がそう考えるなら、人びとのライフスタイルが変わる。多くの人がそう考えるなら、そういう未来が訪れる。いまよりは少ない物、多い子ども、美しい自然。本当に豊かであるとは一体どういうことなのだろうか。

物質的に豊かな生活を送るという贅沢とたくさん子どもを作るという贅沢は両立しない。どちらが、自分にとって大事なのだろう。日々の暮らしの中で、毎日あらゆることについて考えることは難しい。人生にとって重要な節目に考えるきっかけを作ることは、すべての人にとって意味のあることではないだろうか。

だから、もし考えるきっかけとしての意味が確保できるなら課税の金額は問題ではない。一円でもいいのだ。

子どもを作ることを考えるとき以上に、未来を考えるにふさわしい機会があるだろうか。あなたは、自分の子どもとどのような時間を過ごしたいのか。子どものために、どのような未来を残したいのか。

†思いやりが生き延びるチャンスを増やす

われわれは否応なく、大きな選択の岐路に立たされている。われわれは、考えて選ぶこともできるし、成り行きに任せて選ばないこともできる。そして、その選択の結果は自分以外の人にもかかわりをもつ。恵まれた立場にある人の余裕のある選択は、恵まれない立場にある人の切実な選択を、いとも簡単に吹き飛ばしてしまうことができる。

未来論文は、どのような選択が、どのような生き方が正しいかを主張するものではなかった。自由な選択を確保し、よりよい未来を考える機会を提供する制度について論じるものだったのである。

未来論文のサブタイトルは「滅亡へのストラテジー」だった。だが、未来論文は決して滅亡を選択することを主張するものではなかった。むしろ、危機的な状況の中で生存の可能性を見いだそうとするものだった。本書第11章は、未来論文が逆説的に浮かび上がらせた状況を打開する戦略を正面から語ろうとしたものである。

思いやりが生き延びるチャンスを増やす、というのはきれい事に聞こえるかもしれない。だが、「きれい事」は「うそ事」ではない。「思いやり」はわれわれが集団の中で生きる生物として獲得した能力といえる。過大に評価することは危険であるとしても、使い方しだいでいまより大きな力を発揮させることはできるはずだ。

われわれは、いまよりはもう少し優しく・正しくなれることをわたしは疑わない。「正しさ」について考える最大の意味はそこにあるのだと思う。

あとがき

　この人にぜひ書いてほしい。書き手にとって、そう思われるのはとてもうれしいことだ。そればかりか、その思いを何年も持ち続けてもらえるとなれば、ありがたいと言うほかない。

　本書の執筆を依頼されるきっかけとなったのは、編集者の増田氏が拙稿「未来は値するか――滅亡へのストラテジー」（松浦好治編『法の臨界　第3巻』東京大学出版会、一九九九年）を発売日に読んだことだったということだ。当時執筆を依頼する立場になかった氏は、その思いを忘れることなく現編集部に移ってから、わたしに執筆依頼の便りを出してくれたのだ。

　手に入るわたしの原稿すべてに目を通したうえで、わたしを「自身の〈肉声〉で思想することのできる」人だと確信したということが、原稿依頼の決め手になったということだった。

　わたしがその評価に値するかはともかく、「自分の声で語る」ことはわたしが常々心がけていることだ。完全に独創的であることはできないとしても、自分でかみ砕き・消化して、自分の身になったことだけを語りたいと思う。

その「未来は値するか」は、学術論文として書かれたものだが、研究者だけではなく、多くの一般読者から時に長文の感想・意見を受け取ることができた。この経験から、わかりやすく書くことの難しさと、伝わることの不思議さについて、わたしは改めて考えさせられることになった。

「高校しか出ていない」と書かれたメールが何通かあった。その中にはたしかに文につたなさがにじんでいるものもあったのだが、どれも内容についてきちんと理解して書かれていた。そうかと思うと、明晰な頭脳と豊かな教養を感じさせる文を書ける研究者でありながら、最も重要な部分をとらえ損なっている空虚なコメントしかできない者もいた。

万人向けの書き方はない。書き手がいかに明晰に書こうと、意図することが伝わるか伝わらないかは、最終的に読み手次第である。これらを抽象的に語るのは簡単だし、自分でもその程度のことはわかっているつもりでいた。だが、〝自分があぁ書いたことが読者にこう受け取られる〟という結果を具体的に検討することは、わたしが書く力を鍛えるうえで非常に大きな意味があったと思う。

「わかりやすい」ということと「面白い」ということとを、わたしは別の問題であると考えていた。もちろん、さっぱりわけがわからないものが面白いはずはないので、わかりやすくなければ、面白くないということはできるだろう。つまり、「わかりやすい」ということは、「面白い」ことの前提になっている——そんな程度に考えていたのだ。

だが、最近になってじつは逆かもしれない、と思うようになった。面白いからわかりやすい。面白くなければわからない。理解にはそういう一面もあるのではないか。複雑な問題を丁寧に解き明かそうとするとき、ただわかりやすいだけでは退屈で集中力が持続せず、理解するに至らない。興味をかき立てられてこそ、何度も考えて理解しようとする気が起こる。それもまた真実ではないか。

本書では、これまでの反省の上に立ち、できる限り面白く書くことを心がけた。きちんと説明しようとすると、どうしても退屈な部分はできてしまうものだ。それはある程度は仕方がないとしても、せめて興味が切れてしまわないように気を遣ったつもりだ。

だが、面白くすることがほんとうにいいことだろうか、という疑問はもちろんある。面白くするためには、面白くするための字数が必要だからだ。限られた紙幅の中で、面白くするために字数を費やすことは、主題の説明のための字数を減らすことにならざるをえないのだ。それは本末転倒ではないか？

このあたり、学校給食のメニューを考える栄養士の苦労に似ているかもしれない。ほんとうに大事なのは、身体に必要な栄養素をきちんと摂取させること。でも、まずいと食べてもらえず、けっきょく身体の栄養にならない。美味しく残さず食べられるようにしたいと思うけれど、美味しさを優先すると、栄養素の摂取に問題が出る。

栄養と味の高度なバランスを実現するためにまずすべきことは、ムダを省くことだろう。本書でもムダをできるかぎり省くことを心がけた。だから、本書には哲学者・研究者の固有名詞がほとんど出てこない。食事で大事なことは、美味しくて栄養があること。書物で大事なことは、面白くてためになること。だとすれば、素材の名前や来歴を知ることは重要じゃないはずだ。

〝このたこ焼きには、明石のタコを使っています〟という類の能書きには、商売としては意味があるだろう。なんとなく美味しそう、という雰囲気を出せるからだ。だが、ほんとうに大事なのは、美味しいかどうか・栄養になるかどうか、と思うのならば、素材の名前や来歴はどうでもいいことだろう。食ってうまい、たしかに身になる、そのことこそが重要であるはずだ。

読んで面白い。考える力が身につく。それが大事だと思うからこそ、本書では哲学者や研究者の名前をいちいち挙げることはしなかった。先人の無批判なコピーをしていないからでもある。もちろん、先人の業績の恩恵を受けていないなどと言うつもりはない。それでも、わたしは、自分の血肉となって「正しい」と思うことだけを書いた。

人間がその肉体を保つために栄養素が必要であり、その摂取において美味しいことは重要である。人間がその精神を保つために「正しい」ことが必要であり、その摂取において「面白い」ことは重要である。

そして、「正しさ」について理解し考える力が身につくことは、栄養素の効果を理解する力が身につくのとは全く異なった意味をもつ。タンパク質は、人がその効能を知っていようといまいと存在する。だが、「正しさ」は人が考えることをやめれば世界から消えてしまうだろう。そして、「正しさ」は、つねに語られなければならない。心の奥底にしまわれた「正しさ」は思いこみでしかない。「正しさ」は人と人との間に成り立つのだ。

われわれは、十分に「正しさ」について語っているだろうか。わたしは、今ほど「正しさ」について語ることが重要な時代はないと思う。本書が「正しさ」についてさらに語るひとつのきっかけになることを願ってやまない。

二〇〇四年一〇月

小林和之

ちくま新書
509

「おろかもの」の正義《せいぎ》論《ろん》

二〇〇四年一二月一〇日　第一刷発行

著者　小林和之（こばやし・かずゆき）

発行者　菊池明郎

発行所　株式会社　筑摩書房
東京都台東区蔵前二-五-三　郵便番号一一一-八七五五
振替〇〇一六〇-八-四一二三

装幀者　間村俊一

印刷・製本　三松堂印刷　株式会社

乱丁・落丁本の場合は、左記宛に御送付下さい。
送料小社負担でお取り替えいたします。
ご注文・お問い合わせも左記へお願いいたします。
〒三三一-八五〇七　さいたま市北区櫛引町二-六〇四
筑摩書房サービスセンター
電話〇四八-六五一-〇〇五三

ISBN4-480-06209-2 C0212